PONS

Texte schreiben

Französisch

PONS GmbH
Stuttgart

Zu diesem Buch

Reden ist Silber, Schreiben ist Gold. Dieses Buch führt Sie zu Ihren eigenen französischen Texten. Es hilft Ihnen dabei, sich kreativ und in allen wichtigen Genres schriftlich und mündlich korrekt auszudrücken. Bei der professionellen Vorbereitung eindrucksvoller Präsentationen ist es Ihnen ein zuverlässiger Ratgeber.

Die Leistungen dieses Buches im Überblick

Recherchieren, Strukturieren, Formulieren, Präsentieren

Texte richtig schreiben:
Im ersten großen Teil dieses Buches finden Sie nützliche Hilfestellungen für das Verfassen Ihrer französischen Texte. Vorgefertigte Satzbausteine ermöglichen es Ihnen, peinliche Fehler von vornherein zu vermeiden und Texte zu schreiben, die *gut und richtig Französisch klingen*. Formulierungshilfen erleichtern es Ihnen in *Aufsätzen*, *Textanalysen*, *Zusammenfassungen*, *Briefen* und *Bewerbungsschreiben* stilsicher den richtigen Ton zu treffen.

Gut zu wissen!
Das zweite Kapitel bietet Ihnen Infofenster mit *praktischen Tipps* und *zusätzlichen Informationen* zu speziellen Bereichen, die für die effiziente Vorbereitung und die fehlerfreie sowie formal korrekte Ausführung einer schriftlichen Arbeit zweckdienlich sind. Die Infofenster sind mit einem *i für Information* gekennzeichnet.

Richtig präsentieren:
Im dritten Kapitel erhalten Sie wertvolle Handreichungen zur Erstellung abgerundeter französischsprachiger Präsentationen. So erfahren Sie, wie eine Präsentation idealerweise aufgebaut ist und profitieren von Antworten auf relevante technische Fragen, wie die nach der *Gestaltung eines überzeugenden Handouts* oder nach dem *optimalen Einsatz von Medien und Hilfsmitteln*. Eine Zusammenstellung der wichtigsten Satzbausteine, geordnet nach Präsentationsphase und Redeabsicht, macht Sie fit für eine *flüssige und souveräne Darstellung*. Gleichzeitig werden Sie darin stark gemacht, Diskussionen zu leiten oder an ihnen teilzunehmen, überzeugend zu argumentieren und flexibel auf Einwände und Fragen zu reagieren.

Passgenauer Wortschatz

Thematische Wortschätze:
Hier finden Sie ausführliche und zu den wichtigsten Oberstufenthemen passende Wortschätze. (z. B. *La culture, La France dans le monde*)

Deutsches Glossar:
Um Ihnen die Arbeit noch weiter zu erleichtern, bietet Ihnen dieses Buch am Ende ein deutsches Glossar mit Verweisen auf die Einträge in den thematischen Wortschätzen. *So finden Sie beim Formulieren ausgehend vom Deutschen schnell den korrekten französischen Begriff.*

Training der Aussprache

MP3-Dateien zum kostenlosen Download:
Damit Sie bei Ihren Präsentationen und beim Diskutieren *mit einer guten französischen Aussprache punkten*, stehen Ihnen alle Sätze und Wendungen aus dem Kapitel *Richtig präsentieren* als MP3-Dateien zum Nachhören und Nachsprechen zur Verfügung. Track-Nummern helfen Ihnen bei der Orientierung. Alle Hörbeiträge wurden selbstverständlich *von französischen Muttersprachlern* gesprochen.

Die kostenlosen Hördateien im MP3-Format finden Sie unter:
www.pons.de/texte-schreiben-franzoesisch

Ihre erfolgreiche Französischkarriere ist vorgezeichnet. Packen Sie es an!

I. Texte richtig schreiben

Intention des Autors erklären
Expliquer l'intention de l'auteur

Es ist das Ziel des Autors / der Autorin ...	L'intention de l'auteur / de l'auteure est de ...
Die Hauptaussage dieses Textes ...	L'idée principale de ce texte ...
Der Autor / Die Autorin	L'auteur / L'auteure
informiert / unterrichtet ...	informe ...
gibt Auskunft / teilt mit ...	donne des informations / annonce ...
beabsichtigt ...	cherche à ...
möchte zeigen, dass ...	veut montrer que ...
ist der Meinung, dass ...	est d'avis que ...
glaubt (, dass ...)	croit (que ...)
stellt heraus, dass ...	fait ressortir que ...
bezieht sich auf ...	se réfère à / s'appuie sur ...
macht deutlich, dass ...	met en évidence que ...
kommt zu dem Schluss, dass ...	en tire la conclusion que ...
möchte erreichen, dass ...	a pour objectif de ...
will Interesse wecken für / neugierig machen auf / sensibilisieren für ...	veut susciter l'intérêt pour / éveiller la curiosité pour / sensibiliser à ...
plädiert (eindringlich) für ...	plaide (avec insistance) en faveur de ...
appelliert an die Leser / fordert die Leser auf, ...	exhorte les lecteurs / invite les lecteurs à ...
kritisiert / verurteilt (, dass ...)	critique / condamne (le fait que ...)
warnt vor den Folgen ...	met en garde contre les conséquences ...
möchte schockieren / provozieren / aufrütteln.	désire choquer / provoquer / provoquer un choc.
bricht mit Tabus.	brise un tabou.
stellt die allgemein akzeptierte Meinung in Frage.	remet en question l'opinion communément acceptée.
bringt seine Angst / Überzeugung / Einsicht zum Ausdruck.	exprime sa peur / sa conviction / son bon sens.

Textelemente beschreiben
Décrire les éléments du texte

das Vorwort / die Einleitung / der Prolog / das Nachwort	la préface / l'introduction / le prologue / la postface
das Kapitel / der Abschnitt / die Passage	le chapitre / le paragraphe / le passage
der Satzanfang / das Satzende	le début de la phrase / la fin de la phrase
die Form / die Struktur des Textes betrachten	analyser la forme / la structure du texte
Im ersten Abschnitt steht ...	Dans le premier paragraphe, il y a ...
Der dritte Abschnitt bezieht sich auf ...	Le troisième paragraphe se réfère à ...
In der letzten Textpassage wird deutlich ...	Le dernier passage du texte met en évidence ...
In der 50. Zeile findet sich folgende Formulierung:	À la ligne 50, on trouve la formule suivante :
In Zeile 15 erfährt der Leser / kann man erkennen ...	À la ligne 15, le lecteur apprend / on peut voir ...

Sprache kommentieren
Commenter la langue

Der Autor / Die Autorin	L'auteur / L'auteure
verwendet eine sachliche / nüchterne / klare Sprache.	utilise une langue objective / sobre / claire.
bedient sich einer bildhaften / lebendigen / altmodischen Sprache.	emploie un langage imagé / vivant / obsolète.
benutzt veraltete Ausdrücke / Fachausdrücke.	utilise des expressions désuètes / des termes techniques.
integriert Slang / umgangssprachliche Elemente.	intègre à son répertoire des termes argotiques / des termes du langage familier.
gebraucht viele / wenig Nebensätze.	emploie beaucoup / peu de subordonnées.
zeichnet sich durch seine Ausdruckskraft / Gewandtheit aus.	se distingue par sa force d'expression / son aisance.

Der Text	Le texte
ist in der Alltagssprache geschrieben / verfasst.	est écrit / rédigé en langage courant.
ist knapp / sachlich formuliert.	est formulé de façon concise / objective.
ist überschwänglich / ironisch formuliert.	est écrit sur un ton exalté / ironique.
weist zahlreiche schmückende Adjektive auf.	comporte un grand nombre d'adjectifs « décoratifs ».
hat einen komplexen / einfachen Satzbau.	a une syntaxe complexe / simple.
Die Sprache	La langue
ist unmittelbar und lebendig.	est directe et vivante.
wirkt hektisch / sprunghaft / getragen / melodisch.	est nerveuse / heurtée / mesurée / mélodieuse.
Der Sprachstil ist gehoben / umgangssprachlich / literarisch.	Le registre de langue est soutenu / familier / littéraire.
Die Erzählung zeichnet sich durch die häufige Verwendung der direkten Rede / von Dialogen aus.	Le récit se caractérise par l'emploi fréquent du discours direct / de dialogues.
Der Satzbau ist elliptisch.	La syntaxe est elliptique.
Die Sätze stehen unverbunden nebeneinander.	Les phrases sont juxtaposées sans lien entre elles.
Der Wortschatz ist begrenzt / technisch / sehr umfangreich.	Le vocabulaire est restreint / technique / riche et varié.
Die Verbindung von gehobenem Stil mit Vulgärsprache erzielt einen komischen Effekt.	L'association du style soutenu avec un registre vulgaire produit un effet comique.
Die häufige Reihung von Adjektiven fällt auf.	On est frappé par l'énumération fréquente d'adjectifs.

Ton eines Textes kommentieren
Commenter le ton d'un texte

Der Autor / Die Autorin schafft eine düstere / harmonische / bedrückende Atmosphäre / Stimmung.	L'auteur / L'auteure crée une atmosphère sinistre / harmonieuse / pesante.
Der Text	Le texte
enthält viele komische / sarkastische Elemente.	comporte beaucoup d'éléments comiques / sarcastiques.
enthält auch erzählerische Passagen.	est composé également de passages narratifs.

Der Ton der Erzählung ist ernst / humoristisch / sarkastisch.	Le ton du roman est sérieux / humoristique / sarcastique.
Der ironische Ton dieser Stelle steht in scharfem Kontrast zu ...	Le ton ironique de ce passage contraste vivement avec ...
Die anfängliche Stimmung schlägt plötzlich / im Verlauf des Textes um.	L'atmosphère initiale se transforme soudainement / au cours du texte.
Der Aufsatz ist sachlich und informativ / argumentativ / manipulativ.	La dissertation est objective et informative / argumentée / basée sur la manipulation.

Stilmittel kommentieren
Commenter les procédés stylistiques

Der Autor / Die Autorin	L'auteur / L'auteure
bedient sich / wendet an ...	se sert de / emploie ...
macht Gebrauch von ... / gebraucht ...	utilise ...
benutzt hier dieses Bild / diese Metapher / diesen Vergleich, um zu zeigen ...	emploie ici cette image / cette métaphore / cette comparaison pour montrer ...
verwendet ein Bild aus dem Bereich der Musik / des Kosmos / der Natur.	utilise une image appartenant au domaine de la musique / du cosmos / de la nature.
vergleicht ... mit ...	compare ... avec ...
Dieses Stilmittel unterstreicht / macht deutlich / veranschaulicht ...	Ce procédé stylistique souligne / met en évidence / illustre ...
Dieses Bild / Diese Metapher deutet ... an / erinnert an / symbolisiert ...	Cette image / Cette métaphore suggère / évoque / symbolise ...
Die ungewöhnliche Metapher / Satzstellung / Reihung der Adjektive erregt die Aufmerksamkeit des Lesers.	La métaphore insolite / La syntaxe / La juxtaposition des adjectifs éveille l'attention du lecteur.
Die Wiederholung unterstreicht die Wichtigkeit dieser Stelle.	La répétition souligne l'importance de ce passage.
Der Parallelismus stellt die Sätze zueinander in Beziehung.	Le parallélisme établit un rapport entre les phrases.
(Die Rose) steht hier symbolisch für (die Liebe).	(La rose) est ici le symbole de (l'amour).
Das Symbol verweist auf ...	Le symbole renvoie à ...
Das vom Autor / von der Autorin gewählte Bild ...	L'image choisie par l'auteur / l'auteure ...
An dieser Stelle wird Ironie verwendet / der ironische Grundton des Textes deutlich.	Dans ce passage, le ton est empreint d'ironie / le ton ironique du texte ressort clairement.

Das Wortspiel / Die Untertreibung / Die Hyperbel erzielt einen komischen Effekt.	Le jeu de mots / La litote / L'hyperbole produit un effet comique.
Das Meer wird personifiziert.	La mer est personnifiée.
In der Reihung erkennt man eine Steigerung.	On peut voir une gradation dans l'énumération.
Die bildhafte Sprache / die Metaphorik ist typisch für die Zeit / Epoche.	Le langage imagé est représentatif / Les procédés métaphoriques sont représentatifs de l'époque.
Die Form korrespondiert mit / entspricht dem Inhalt.	La forme correspond au contenu.
Die Form widerspricht dem Inhalt.	La forme est en contradiction avec le contenu.

Bedeutung eines Textes kommentieren
Commenter le sens d'un texte

Eine erste Verstehenshypothese könnte lauten ...	Une première hypothèse pour l'interprétation pourrait être ...
Der Text drückt aus / zeigt / spiegelt wider / enthüllt / macht deutlich ...	Le texte exprime / montre / reflète / révèle / fait ressortir ...
Die Bedeutung eines Textes erklären / erfassen.	Expliquer / Comprendre le sens d'un texte.
Die Aussage / Die Bedeutung des Textes	L'idée principale / Le sens du texte
ist nur vor dem Hintergrund seiner Zeit verständlich.	n'est compréhensible que resituée / resitué dans le contexte de son époque.
erschließt sich nur nach einer genauen Analyse der Symbolik / der Bildersprache.	ne peut être comprise / compris qu'après une analyse précise de la symbolique / du langage allégorique.
Für das Verständnis des Werkes ist dieser Aspekt von großer Wichtigkeit / zentraler Bedeutung.	Cet aspect est d'une grande importance / d'une importance primordiale pour la compréhension de l'œuvre.
Der Leser findet zu diesem Gedicht nur schwer Zugang.	Ce poème est peu accessible au lecteur.
Der Text spielt mit Bedeutungen / ist vielschichtig / vieldeutig.	Le texte joue sur les sens différents / est complexe / est ambigu.
Der Roman	Le roman
lässt sich nicht auf eine einfache Moral festlegen.	ne se base pas sur la simple morale.
entzieht sich einer eindimensionalen Betrachtungsweise.	ne se prête pas à une lecture au premier degré.

Das Drama funktioniert auf mehreren Ebenen.	Le drame se déroule à plusieurs niveaux.
Hier wird deutlich, dass die Meinung des Erzählers von der Meinung des Autors / der Autorin abweicht.	Ici, il est évident que l'opinion du narrateur diverge de celle de l'auteur / de l'auteure.
... ist wesentlich für die Gesamtinterpretation.	... est essentiel(le) pour l'interprétation globale.
Diese Stelle ist wörtlich zu verstehen / hat eine übertragene Bedeutung.	Ce passage est à prendre au sens propre / figuré.
... endet offen / hat ein offenes Ende.	... s'achève sur une fin en suspens.

Prosatexte kommentieren
Commenter des textes en prose

der Roman / die Geschichte / die Kurzgeschichte / die Erzählung / die Fabel	le roman / l'histoire / la nouvelle / le récit / la fable
die Charaktere / die Figuren	les caractères / les personnages
die Hauptfigur	le personnage principal
die Nebenfigur	le personnage secondaire
der Protagonist / die Protagonistin	le protagoniste / la protagoniste
der Held / die Heldin	le héros / l'héroïne
der Antagonist / die Antagonistin / der Gegenspieler / die Gegenspielerin	l'antagoniste / l'adversaire
der Erzähler / die Erzählerin	le narrateur / la narratrice
die Handlung	l'action
der Handlungsverlauf	l'intrigue
Der Roman	Le roman
behandelt das Thema ...	traite le sujet de ...
ist ein typisches Werk seiner Epoche.	est une œuvre représentative de son époque.
lässt sich in folgende Abschnitte gliedern:	se compose des paragraphes suivants :
zeigt / handelt von ...	montre / traite de ...
hat eine Rahmenhandlung.	a une intrigue d'encadrement.
ist in der ersten / dritten Person verfasst.	est écrit à la première / troisième personne.
Der Roman spielt in ... / basiert auf ...	L'action du roman se passe à ... / Le roman est basé sur ...

Bei dem Roman handelt es sich um eine Utopie.	Dans ce roman, il s'agit d'une utopie.
Es handelt es sich um einen Bildungsroman / einen Kriminalroman.	Il s'agit d'un roman de formation / d'un roman policier.
Die Geschichte	L'histoire
ist aus der Perspektive eines ... / einer ... geschrieben / erzählt.	est écrite / racontée dans la perspective d'un ... / d'une ...
ist eine Ich-Erzählung.	est un récit à la première personne.
Der Autor / Die Autorin erzählt / schildert / beschreibt / verdeutlicht ...	L'auteur / L'auteure raconte / dépeint / décrit / explique ...
Der Roman hat einen auktorialen / allwissenden Erzähler.	Le roman a un narrateur omniscient.
indirekte Charakterisierung	caractérisation indirecte
Die Figur wird durch ... charakterisiert.	Le personnage est caractérisé par ...
Das Äußere wird beschrieben / dargestellt.	On décrit les apparences.
Die Mutter erzählt eine Episode aus der Jugend der Heldin.	La mère raconte un épisode de la jeunesse de l'héroïne.
direkte Charakterisierung	caractérisation directe
Der Held beschreibt sich selbst als ...	Le héros se décrit lui-même comme ...
Das Hauptthema des Romans ist ...	Le thème principal du roman est ...
Die Handlung spielt in ...	L'action se déroule à ...
Schon in der Einleitung wird die spätere Entwicklung angedeutet.	L'évolution ultérieure est déjà esquissée dans l'introduction.
Der Anfang vermittelt dem Leser die Welt des Romans.	Dès le début, le lecteur a accès à l'univers du roman.
Hier erfährt die Handlung ihren Höhepunkt.	L'action atteint ici son paroxysme.
Der Spannungsbogen wird jäh unterbrochen.	Le suspense est interrompu subitement.
Die Geschichte nimmt eine überraschende Wendung.	L'histoire prend une tournure étonnante.
Der zentrale Konflikt besteht in ...	Le conflit principal réside dans ...
Die Handlung entwickelt sich vor dem Hintergrund einer fantastischen / poetischen / beengten Welt.	L'action se déroule avec pour toile de fond un univers fantastique / poétique / exigu.
Der Schluss ist unerwartet.	La fin est inattendue.

Argumentative Texte kommentieren
Commenter des textes argumentés

Der Autor / Die Autorin	L'auteur / L'auteure
behauptet / nimmt an ...	affirme / suppose ...
unterstellt ...	suppose ...
hebt hervor / betont / unterstreicht ...	fait ressortir / met en valeur / souligne ...
ist überzeugt, dass ...	est persuadé / persuadée que ...
legt (überzeugend) dar, dass ...	explique (de façon convaincante) que ...
warnt vor ...	met en garde contre ...
schlägt vor (, dass ...)	suggère (que ...)
setzt ... zueinander in Beziehung.	rapproche ...
schlussfolgert / schließt ...	déduit / conclut ...
Dies wird durch ein Beispiel verdeutlicht / illustriert.	Cela est explicité / illustré par un exemple.
Die These des Textes besteht in ...	La thèse du texte réside dans ...
Die Antithese besagt, dass ...	L'antithèse démontre que ...
Am Schluss kommt der Autor / die Autorin zu folgender Synthese / Folgerung:	À la fin, l'auteur / l'auteure en arrive à la synthèse suivante / à la conclusion suivante :

Expositorische Texte kommentieren
Commenter les textes d'exposition

Der Autor / Die Autorin	L'auteur / L'auteure
erörtert / legt dar ...	discute de / explique ...
erklärt Hintergründe.	explique les dessous des faits.
erhellt Zusammenhänge.	lève le voile sur certains liens.
veranschaulicht / beleuchtet / verdeutlicht ...	illustre / met en lumière / clarifie ...
zeigt verschiedene Aspekte auf.	montre les différents aspects.
arbeitet die Problematik des / der ... heraus.	fait ressortir la problématique de ... / des ...
diskutiert / handelt ... ab	discute / traite ...
setzt sich mit der Fragestellung auseinander / wirft Fragen auf.	se penche sur le problème / soulève des questions.
Der Text	Le texte

behandelt das Thema ...	traite le sujet ...
befasst sich mit dem Thema ...	aborde le thème ...
berichtet über ...	parle de ...
enthält auch erzählerische Elemente.	comporte des éléments narratifs.

Dramen kommentieren
Commenter les drames

das Theaterstück / das Stück	la pièce de théâtre / la pièce
die Tragödie / die Komödie / die Farce	la tragédie / la comédie / la farce
historisches / satirisches / episches Drama	le drame historique / satirique / épique
Absurdes Theater	le théâtre de l'absurde
der Dramatiker / die Dramatikerin	le / la dramaturge
die Aufführung	la représentation
der Akt / die Szene	l'acte / la scène
die Charaktere / die Figuren	les caractères / les personnages
der Protagonist / die Protagonistin	le / la protagoniste
der Antagonist / die Antagonistin	l'antagoniste / l'adversaire
der Anfang / der Wendepunkt / der Höhepunkt / die Katastrophe / die Enthüllung / die Entdeckung / der Ausgang / die Lösung / der Schluss	le début / le tournant / le paroxysme / la catastrophe / la révélation / la découverte / le dénouement / la résolution / la fin
Das Stück wurde in der Inszenierung von ... aufgeführt / uraufgeführt.	La pièce a été représentée dans une mise en scène de ... / La première de la pièce a eu lieu dans une mise en scène de ...
Das Bühnenbild ist absurd / karg / detailreich / aufwändig.	Les décors sont absurdes / dépouillés / riches en détails / très chargés.
Der (Theater)schauspieler / Die (Theater)schauspielerin	Le comédien / La comédienne / L'acteur / L'actrice
spielt die Rolle des / der ...	joue le rôle de ...
tritt auf / geht ab.	entre en scène / sort de scène.
hat einen langen Monolog.	interprète un long monologue.
spricht Phèdres Monolog.	récite le monologue de Phèdre.
die Struktur / der Aufbau des Dramas	la structure du drame
Im 5. Akt, 2. Szene ...	Au cinquième acte, scène deux ...
Am Ende des fünften Aktes ...	À la fin du cinquième acte ...

Die Einheit von Ort und Zeit ist in diesem Stück gegeben / nicht gewährleistet.	L'unité de temps et de lieu n'est pas respectée dans cette pièce.
der Handlungsbogen	le cours de l'action
der Spannungsbogen	le suspense / la tension
Die Exposition endet nach der ersten Szene.	L'exposition s'achève après la première scène.
Die Spannung steigt bis zum Wendepunkt / Höhepunkt immer mehr an.	Le suspense s'intensifie de plus en plus jusqu'au tournant / paroxysme.
das Dénouement	le dénouement
Das Stück endet mit der Lösung des zentralen Konflikts / mit der Katastrophe.	La pièce s'achève avec le dénouement du conflit principal / avec la catastrophe.
Der Dialog ist ...	Le dialogue est ...
Diese Äußerung ist als dramatische / tragische Ironie zu verstehen.	Cette remarque est à interpréter comme de l'ironie dramatique / tragique.
Das Personal des Dramas ist begrenzt / umfangreich.	Le nombre des acteurs du drame est restreint / important.
Der Protagonist / Die Protagonistin kämpft für / repräsentiert / zerbricht an ...	Le / La protagoniste lutte pour / représente / est anéanti(e) par ...
Die Figur wird eingeführt, um die Spannung auf komische Art zu brechen.	Le personnage est mis en scène pour rompre le suspense de façon comique.
Die Beweggründe der Protagonistin werden erst in der Rückblende verständlich.	C'est seulement le retour en arrière qui permet une meilleure compréhension des mobiles de la protagoniste.
die Haupthandlung / Nebenhandlung	l'action principale / secondaire
der Handlungsstrang	le fil conducteur
Die Handlung wird durch die Nebenhandlung verzögert / unterbrochen.	L'action est retardée / interrompue par l'action secondaire.
Die Nebenhandlung spielt eine wichtige Rolle für die Interpretation.	L'action secondaire joue un rôle important pour l'interprétation.

Lyrik kommentieren
Commenter la poésie lyrique

der Dichter / die Dichterin	le poète / la poétesse
die Ballade / die Elegie / die Ode / das Sonett	la ballade / l'élégie / l'ode / le sonnet
Das Gedicht	Le poème
besteht aus ...	est composé de ...

ist in drei Strophen unterteilt / gegliedert.	se divise / se découpe en trois strophes.
verzichtet auf eine strophische Gliederung.	ne se plie pas à une division en strophes.
Die Strophe besteht aus vier Zeilen / Versen.	La strophe se compose de quatre vers.
In der zweiten Zeile ...	Au deuxième vers ...
Das Gedicht hat folgende Form: ...	Le poème se présente sous la forme suivante : ...
Die Form / Struktur des Gedichts ist regelmäßig / unregelmäßig.	La forme / La structure du poème est régulière / irrégulière.
Es handelt sich um konkrete Poesie.	Il s'agit de poésie concrète.
Der Dichter / Die Dichterin hat die Sonettform gewählt.	Le poète / La poétesse a choisi le sonnet comme forme de strophe.
der Reim / der Rhythmus / das Metrum	la rime / le rythme / le mètre
Das Gedicht hat folgendes Reimschema: ...	Le poème présente le schéma de rimes suivant : ...
der Paarreim / Kreuzreim / freie Reim	la rime plate / rime croisée / rime libre
Der Dichter / Die Dichterin verwendet kein festes Reimschema.	Le poète / La poétesse n'utilise pas de schéma de rimes défini.
Die Silbe ist betont / unbetont.	La syllabe est accentuée / non accentuée.
An dieser Stelle weicht die Betonung vom Metrum ab.	À cet endroit, l'accentuation diffère du mètre.
Der unruhige / ruhige Rhythmus unterstreicht die aufgeregte / idyllische Stimmung.	Le rythme irrégulier / régulier souligne l'atmosphère empreinte de nervosité / l'atmosphère idyllique.
Das lyrische Ich schildert seine Gedanken und Empfindungen.	Le moi lyrique décrit ses pensées et ses sentiments.
Das Gedicht hat ... zum Thema.	Le poème a pour thème ...
Ein immer wiederkehrendes Motiv ist ...	Un motif récurrent est ...

Reden kommentieren
Commenter des discours

Eine Rede vor dem Parlament / einem großen Publikum halten	Tenir un discours devant le Parlement / un grand public
eine Wahlrede / Rede zur Lage der Nation	un discours électoral / un discours sur la situation de la nation
der Redner / die Rednerin	l'orateur / l'oratrice
erläutert seinen Standpunkt.	expose son point de vue.

wirbt für ...	plaide pour ...
möchte die Zuhörer aufrütteln / zum Handeln bewegen.	veut choquer / faire réagir les auditeurs.
verteidigt seine Einstellung	dépend sa position.
versucht die Zuhörer zu manipulieren / zu überzeugen / umzustimmen.	essaie de manipuler / de convaincre / de faire changer d'avis les auditeurs.
greift seine Gegner an.	attaque ses adversaires.
räumt Fehler ein.	concède des erreurs.
verdreht / verzerrt die Wahrheit.	déforme la réalité.
wird polemisch.	devient polémique.
benutzt viele rhetorische Fragen / Wiederholungen.	utilise beaucoup de questions rhétoriques / répétitions.
Im Verlauf der Rede wird der Ton schärfer.	Le ton devient plus acerbe au cours du discours.

Ziel des Aufsatzes erörtern
Expliquer l'objectif de la dissertation / de l'essai

In dieser Arbeit / diesem Aufsatz möchte ich	Dans cet essai / cette dissertation, je voudrais
einen Aspekt / ein Thema beleuchten / veranschaulichen.	éclairer / illustrer un aspect / un sujet.
zeigen / belegen, dass ...	montrer / prouver que ...
erreichen, dass ...	arriver à ...
informieren über ...	informer sur ...
Interesse wecken für ...	susciter l'intérêt pour ...
... diskutieren / erörtern.	discuter de ...
... näher untersuchen.	examiner de plus près ...
... zur Diskussion stellen.	proposer de discuter de ...
Das Ziel dieser Arbeit ist es, ...	L'objectif de cet essai est de ...
Ich möchte zunächst ..., bevor ich ...	Je voudrais d'abord ..., avant de ...
Diese Hypothese wird im Verlauf der Arbeit noch näher untersucht werden.	Cette hypothèse sera examinée de plus près au cours de l'essai.
Mit diesem Aufsatz / dieser Arbeit möchten wir zum Nachdenken anregen.	Cette dissertation / Cet essai devrait, selon nous, donner matière à réflexion / inciter à réfléchir.

Ein Argument anführen
Présenter un argument

Als Erstes / Zunächst	En premier lieu / D'abord,
möchte ich herausstellen / betonen / anführen, dass ...	j'aimerais mettre en évidence / souligner / mentionner que ...
muss erwähnt werden, dass ...	il faut mentionner que ...
Erstens ..., zweitens ..., drittens ...	Premièrement ..., deuxièmement..., troisièmement ...
Es ist immer behauptet worden, dass ...	On a toujours prétendu que ...
Einer der wichtigsten / zentralen Punkte ist der folgende: ...	Voici un des points les plus importants / un point essentiel : ...
Nehmen wir zunächst einmal an ...	Tout d'abord, admettons que ...
Zunächst einmal / Als Erstes möchte ich anführen, dass ...	Tout d'abord / En premier lieu, je voudrais mentionner que ...
Es muss aber auch erwähnt werden, dass ...	Mais il faut également mentionner que ...

Weitere Argumente hinzufügen
Rajouter d'autres arguments

Des Weiteren / Außerdem ...	En outre ...
Zudem ist wichtig, dass ...	De plus, il est important que ...
Dabei sollte man nicht vergessen, dass ...	À cette occasion, il ne faudrait pas omettre que ...
Zusätzlich dazu ...	En plus de cela ...
Hinzu kommt, dass ...	S'ajoute à cela, le fait que ...
Ein weiterer wichtiger Punkt ist ...	Un autre point important est ...
Auch das sollte nicht vergessen werden.	C'est une chose qu'il ne faut pas oublier non plus.
Dies wirft weitere Fragen auf.	Cela soulève d'autres questions.
Darüber hinaus sollte nicht unerwähnt bleiben, ...	Outre cela, il ne faut pas passer sous silence ...
Übrigens / Apropos ...	D'ailleurs / À propos ...
Dies sei nur am Rande / nebenbei bemerkt.	Cela soit dit en passant.

Argumente verknüpfen
Relier les arguments

Ein weiterer wichtiger Punkt ist der folgende: ...	Comme autre point important, notons le point suivant : ...
An dieser Stelle ist ... interessant / darf ... nicht fehlen.	Ici, ... est intéressant(e) / ... ne doit pas manquer.
Das bringt uns zu einem anderen Aspekt.	Cela nous amène à un autre aspect.
Ganz ähnlich / Ganz anders verhält es sich mit ...	C'est tout à fait semblable / différent avec ...
Ich möchte das Ganze noch von einer anderen Seite beleuchten.	J'aimerais aussi considérer l'ensemble sous un autre angle.
Das führt zu einem weiteren Problem.	Cela amène à un autre problème.
Es sollte ebenfalls erwähnt werden, dass ...	On doit également mentionner que ...
Einerseits ..., andererseits ...	D'un côté ... De l'autre ... / D'une part ... D'autre part ...
jedoch / nichtsdestoweniger	pourtant / néanmoins
Man kann jedoch / allerdings dagegenhalten, dass ...	On peut pourtant / toutefois objecter que ...
jedenfalls	en tout cas

Ein Argument in Frage stellen
Remettre un argument en question

Hier erscheinen Zweifel angebracht.	Ici, on peut avoir des doutes.
berechtigter Zweifel	doute justifié
Dies muss hinterfragt werden.	Cela doit être remis en question.
Diese Behauptung kann nicht einfach so hingenommen werden.	On ne peut pas accepter cette affirmation telle quelle.
Dies ist eine scheinbar logische Folgerung.	C'est une conclusion soi-disant logique.
Dies scheint nur auf den ersten Blick ein stichhaltiges Argument zu sein.	Cela ne semble être un argument concluant qu'à première vue.
Die Schlussfolgerung überzeugt nicht.	La conclusion n'est pas convaincante.
Dies wirft grundlegende Probleme auf.	Cela soulève des problèmes fondamentaux.

Hier stellt sich die Frage, ob ...	Ici, la question se pose de savoir si ...
Die Argumentation ist problematisch / fragwürdig.	L'argumentation est problématique / douteuse.

Die andere Seite des Arguments
L'autre côté de l'argument

Einerseits ..., andererseits ...	D'un côté ... De l'autre ... / D'une part ... D'autre part ...
Auf der anderen Seite / Demgegenüber ...	D'un autre côté / En revanche ...
Im Gegensatz dazu ...	Contrairement à cela ...
Ist diese Erklärung wirklich die einzig mögliche?	Cette explication est-elle vraiment la seule possible ?
Ist das die einzig mögliche Schlussfolgerung?	Cette conclusion est-elle vraiment la seule possible ?
Der Autor / Die Autorin muss sich fragen lassen, ...	L'auteur / L'auteure doit se demander ...
Es könnte doch auch anders sein.	Cela pourrait être tout autrement.
Der Autor / Die Autorin argumentiert, dass ..., es ließe sich aber auch das Gegenteil behaupten.	L'auteur / L'auteure argumente que ..., or, on pourrait aussi prétendre le contraire.
Lässt sich damit rechtfertigen, dass ... ?	Peut-on justifier par là-même que ... ?
Ist das Problem hiermit wirklich erschöpfend behandelt?	Le problème a-t-il vraiment été abordé sous tous les angles ?
Selbst wenn dem so wäre, ...	Même s'il en était ainsi, ...

Die ausgewogene Argumentation
L'argumentation équilibrée

Man sollte jedoch nicht vergessen / außer Acht lassen, dass ...	Cependant, il ne faut pas oublier / négliger le fait que ...
Ein zusätzlicher Faktor sollte in Erwägung gezogen / berücksichtigt werden.	On devrait envisager un facteur supplémentaire / tenir compte d'un facteur supplémentaire.
Man muss bedenken, dass ...	On doit réfléchir au fait que ...
Es muss in Betracht gezogen werden, dass ...	On doit envisager que ...

Selbst wenn (dem so ist), sollte man nicht ...	Même s'il en était ainsi, il ne faudrait pas ...
Das schließt jedoch nicht aus, dass ...	Cela n'exclut pourtant pas que ...
Wir sollten uns jedoch auch fragen, ob ...	Nous devrions pourtant nous demander aussi si ...
Man muss dabei beachten, dass ...	Il faut tenir compte du fait que ...
Nach Abwägung aller Fakten ...	Après avoir examiné tous les faits ...

Ein Argument ablehnen oder widerlegen
Refuser ou réfuter un argument

ein unhaltbares / haltloses Argument	un argument inconsistant
eine unbewiesene Behauptung	une affirmation gratuite
Es ist unwahrscheinlich, dass ...	Il est invraisemblable que ...
Es ist undenkbar / unvorstellbar, dass ...	Il est impensable / inimaginable que ...
Dies erscheint weit hergeholt / fragwürdig.	Cela semble improbable / douteux.
Dieser Bericht ist irreführend / hält einer genaueren Untersuchung nicht stand.	Ce rapport est trompeur / ne résistera pas à une analyse plus précise.
Die Fakten sind aus der Luft gegriffen.	Les faits sont dénués de tout fondement.
Dies stimmt nur teilweise.	Cela n'est que partiellement exact.
Ich stimme dem nicht zu.	Je ne suis pas d'accord avec cela.
Im Gegensatz zu *[Name]* bin ich der Auffassung / Meinung, dass ...	Contrairement à *[Nom]*, je suis d'avis que ...
Ich teile die Auffassung des Autors / der Autorin nicht, weil ...	Je ne partage pas l'avis de l'auteur / de l'auteure parce que ...
Das Gegenteil ist der Fall.	C'est tout à fait le contraire.

Ein Argument unterstützen
Soutenir un argument

Ich bin der gleichen Auffassung / Meinung wie *[Name]*.	Je suis du même avis que *[Nom]*.
Ich unterstütze diese Auffassung.	Je partage cet avis.
Genau wie der Redner / die Rednerin denke / glaube ich auch, dass ...	Comme l'orateur / l'oratrice, je pense / je crois moi aussi que ...

Ich schließe mich der Argumentation des Autors / der Autorin an.	Je me rallie à l'argumentation de l'auteur / de l'auteure.
ein überzeugendes / schlagkräftiges / schlüssiges Argument für ...	un argument convaincant / persuasif / concluant pour ...
ein wichtiger / entscheidender / ausschlaggebender Grund für ...	une raison importante / décisive / déterminante pour ...
Es erscheint mir vernünftig / überzeugend.	Cela me semble être raisonnable / convaincant.
Ein Argument, das diese Theorie bestätigt ...	Un argument qui confirme cette théorie ...
[Name] vermag hier voll und ganz zu überzeugen.	*[Nom]* est ici tout à fait convaincant(e).

Analyse anbieten
Analyser

Auf diesen Punkt möchte ich näher eingehen.	Je voudrais approfondir ce point.
Hier ist eine Untersuchung der Sprache / der Bilder besonders interessant / aufschlussreich.	Ici, une analyse de la langue / des images se révèle particulièrement intéressante / est particulièrement révélatrice.
Überlegen wir einmal, warum / wie / ob ...	Réfléchissons à la question de savoir pourquoi / comment / si ...
Hier muss man nach den Gründen fragen.	Ici, il faut en demander les raisons.
Die Beweggründe sollten an dieser Stelle näher untersucht werden.	À cet endroit, on devrait examiner les mobiles de plus près.
Ich gehe davon aus, dass ...	Je pars du principe / Je suppose que ...
Lassen Sie uns einmal annehmen, dass ...	Supposons / Admettons que ...
Wie verhält es sich mit ...?	Qu'en est-il de ... ?
Man kann annehmen, dass ...	On peut supposer que ...
Hiermit ist nicht gemeint, dass ...	Cela ne signifie pas que ...
Ich möchte klarstellen / deutlich machen / verdeutlichen, dass...	Je voudrais préciser / mettre en évidence / expliquer que ...
Hierbei sollte man in Betracht ziehen / berücksichtigen.	Ici, on doit envisager / prendre en compte.

Begründen und aufzählen
Justifier et énumérer les raisons

Weil / Da ...	Parce que / Comme ...
Aufgrund ...	En raison de ...
Deshalb ...	C'est pourquoi ...
Deswegen / Daher ...	C'est pour ça que ...
Ein Grund dafür ...	Une raison pour cela ...
Es überrascht kaum, dass ...	Cela surprend à peine que ...
Zunächst (einmal) / Zuerst ...	Tout d'abord / D'abord ...
Erstens ..., zweitens ..., drittens ...	Premièrement ..., deuxièmement ..., troisièmement ...
Auch ...	Aussi ...
Außerdem / Des Weiteren ...	En outre ...
Darüber hinaus ...	Outre cela ...
Nebenbei bemerkt ...	Soit dit en passant ...
Entsprechend ...	En conséquence ...
Nicht nur ..., sondern auch ...	Non seulement ..., mais encore ...
Allerdings / Andererseits ...	En effet / D'autre part ...
Jedoch ...	Pourtant ...
Während ...	Alors que ...
Vor allem / Besonders ...	Surtout / Particulièrement ...
Schließlich ...	Finalement / Enfin ...
Zum einen ..., zum anderen ...	D'un côté ..., de l'autre
Entweder ... oder ...	Ou (bien) ... ou (bien) ...
Alternativ / Wahlweise ...	Alternativement / Au choix ...

Parallelen aufzeigen
Établir des parallèles

An dieser Stelle / In diesem Zusammenhang sollte auch erwähnt werden, dass ...	À cet endroit / Dans ce contexte, il faudrait également mentionner que ...
Es darf nicht unerwähnt bleiben, dass ...	Il ne faut pas passer sous silence que ...
Ähnlich wie ...	De la même manière que ...
Sowohl ... als auch ...	Et ... et ...
Dies gilt nicht nur für ..., sondern auch für ...	Cela ne vaut pas seulement pour ..., mais aussi pour ...
Das bezieht sich auch auf ...	Cela se réfère aussi à ...
Dies trifft für ... gleichermaßen zu.	Cela est tout aussi valable pour ...
Hier kann man durchaus Vergleiche / Parallelen ziehen.	Ici, on peut tout à fait faire des comparaisons / établir des parallèles.
Vergleichbares findet sich auch bei ...	On peut aussi trouver quelque chose de comparable chez ...

Verdeutlichen und Umformulieren
Explication et reformulation

Anders ausgedrückt / Mit anderen Worten ...	En d'autres termes / En d'autres mots ...
Ich möchte es einmal so formulieren ...	Je le formulerais ainsi ...
Das bedeutet / heißt ...	Cela signifie / veut dire...
Nämlich ...	En effet ...
Um es noch einmal ganz klar zu sagen ...	Pour que ce soit bien clair ...
Einfach gesagt / formuliert ...	Dit / Formulé simplement ...
Konkret gesprochen ...	Pour parler concrètement ...
Hiermit ist gemeint, dass ...	Cela veut dire que ...
Wörtlich bedeutet das ...	Littéralement, cela veut dire ...
Es kommt auf dasselbe heraus.	Cela revient au même.

Beispiele anführen
Illustrer par des exemples

Zum Beispiel ...	Par exemple ...
Dies sehen wir bei ...	On voit cela chez ...
Das wird deutlich bei / wenn ...	Cela est très clair chez ... / quand ...
Um diesen Punkt zu verdeutlichen ...	Pour expliquer ce point ...
Ich möchte dies an einem Beispiel veranschaulichen / deutlich machen.	Je voudrais illustrer / expliquer cela à l'aide d'un exemple.
ein konkretes / einleuchtendes Beispiel	un exemple concret / convaincant
ein Beispiel aus dem Bereich der Medizin / Musik	un exemple issu du domaine médical / musical
Dies lässt sich anhand eines Beispiels belegen.	On peut le prouver à l'aide d'un exemple.
ins Detail gehen	entrer dans les détails

Eine These aufstellen
Avancer une théorie

Ich vermute / nehme an ...	Je suppose ...
Ich glaube, dass ...	Je crois que ...
Ich gehe zunächst von der Vermutung / Annahme aus, dass ...	D'abord, je suppose que ...
Ich möchte die These aufstellen, dass ...	J'aimerais échafauder la théorie que ...
Ich möchte die Vermutung in den Raum stellen, dass ...	Je voudrais mettre en discussion la supposition selon laquelle ...
Man darf wohl behaupten, dass ...	On peut bien affirmer que ...
Ich möchte als Arbeitshypothese Folgendes formulieren:	J'aimerais formuler mon hypothèse de travail de la manière suivante :
Aufgrund des bisher vorhandenen Datenmaterials gehe ich davon aus, dass ...	En raison des données existantes jusqu'à présent, je pars du principe que ...
Die Entwicklungen der letzten Zeit lassen vermuten, dass ...	Les développements des dernières années laissent supposer que ...

Zitieren
Citer

Der Autor / Die Autorin ist der Meinung, dass ...	L'auteur / L'auteure est d'avis que ...
Um *[Name]* zu zitieren: „ ... "	Pour citer *[Nom]* : « ... »
In den Worten von *[Name]*: „ ... "	Selon les mots de *[Nom]* « ... »
[Name] schreibt in seinem / ihrem Aufsatz / Buch *[Titel]* ...	*[Nom]* écrit dans son essai / son livre *[titre]* ...
[Name] weist darauf hin, dass ...	*[Nom]* attire l'attention sur le fait que ...
[Name] stellt in seinen / ihren Veröffentlichungen wiederholt die These auf, dass ...	*[Nom]* avance à plusieurs reprises dans ses publications la théorie que ...
Wie *[Name]* bereits erwähnte ...	Comme *[Nom]* l'a déjà mentionné ...
Im Leitartikel des Figaro vom 14.02.2008 wird ein wichtiger Aspekt angesprochen.	L'éditorial du Figaro du 14/02/08 aborde un aspect important.
Auf Seite 26 des Buches *[Titel]* von *[Name]* aus dem Jahr 2003 finden wir folgende Bemerkung: ...	On trouve la remarque suivante à la page 26 du livre *[titre]* paru en 2003 : ...
Im Gegensatz zu dem, was *[Name]* in seinem Aufsatz behauptet ...	Contrairement à ce que *[Nom]* affirme dans son essai ...
Hiermit darf die These von *[Name]* als widerlegt gelten, dass ...	Après cela, on peut considérer comme réfutée la thèse de *[Nom]*, selon laquelle ...
Das ist eine unbelegte Behauptung, die von *[Name]* in den Medien immer wieder verbreitet wird.	C'est une affirmation non prouvée que *[Nom]* fait circuler sans cesse dans les médias.
[Name] ließ verlautbaren ...	*[Nom]* a annoncé ...

Eine persönliche Meinung angeben
Donner une opinion personnelle

Meiner Meinung nach ...	À mon avis / D'après moi ...
Meines Erachtens ...	Selon moi ...
Ich glaube / vermute, dass ...	Je crois / suppose que ...
Ich bin der Ansicht / der Auffassung, dass ...	Je suis d'avis que ...
Was mich betrifft ...	Pour ma part ...
Es steht für mich unzweifelhaft fest ...	Pour moi, c'est indubitable ...
Ich halte es für sehr wahrscheinlich ...	Selon moi, c'est très probable ...

Eine persönliche Bewertung ausdrücken
Exprimer une appréciation personnelle

Bedauerlicherweise / Leider ...	Malheureusement ...
Was es noch schlimmer macht ...	Ce qui est encore plus grave ...
Es ist beunruhigend / erschreckend ...	C'est inquiétant / effrayant ...
Es überrascht ...	Cela surprend / On est surpris ...
Erstaunlicherweise / Seltsamerweise ...	Étonnamment / Curieusement ...
Glücklicherweise / Erfreulicherweise ...	Heureusement / Par bonheur ...

Die öffentliche Meinung zitieren
Citer l'opinion publique

Es ist allgemein bekannt / gehört zum Allgemeingut, dass ...	C'est une chose connue de tous que ...
Oft hört man die Ansicht, dass ...	Souvent, les gens pensent que ...
Viele meinen / glauben ...	Beaucoup pensent / croient ...
Die Mehrheit ist der Meinung, dass ...	La majorité est d'avis que ...
Bisher wurde immer davon ausgegangen, dass ... Ich halte diese Annahme jedoch für falsch, da ...	Jusqu'à présent, on partait du principe que ... Je considère pourtant cette hypothèse comme erronée puisque ...
Es wird allgemein angenommen / vermutet, dass ...	Tout le monde suppose que ...
Die meisten von uns glauben / gehen davon aus, dass ...	La plupart d'entre nous croient / supposent que ...
Die öffentliche Meinung ist für / gegen ...	L'opinion publique est pour / contre ...
Es herrscht eine starke Tendenz dies so zu sehen.	On aurait / a plutôt tendance à le voir ainsi.
In wissenschaftlichen / informierten / politischen Kreisen geht man davon aus, dass ...	Dans les milieux scientifiques / informés / politiques on suppose que ...
Es wird in letzter Zeit häufig / kontrovers diskutiert, ob ...	Ces derniers temps, on discute fréquemment / de façon controversée pour savoir si ...
Die Stimmung ist aufgeheizt / kühl / freundlich.	L'atmosphère est échauffée / froide / chaleureuse.
Eine von den Medien kolportierte / verbreitete Meinung.	Un opinion colportée / répandue par les médias.
Dieser Irrglaube ist allgemein verbreitet.	Cette opinion erronée est communément répandue.

Einräumen
Concéder / Faire des concessions

Zugegebenermaßen ...	Je le concède ...
Obwohl / Obgleich / Wenn auch ...	Bien que / Quoique / Même si ...
Schließlich ...	Finalement / Enfin ...
Nichtsdestoweniger ...	Néanmoins ...
Trotz ...	Malgré ...
Trotzdem ...	Quand même ...
Jedoch / Hingegen / Aber ...	Pourtant / En revanche / Mais ...
Allerdings ...	Toutefois ...
Dennoch ...	Malgré tout ...
Im Großen und Ganzen stimme ich dem zu, aber ...	Dans l'ensemble, je suis d'accord mais ...
Ich möchte dennoch zu bedenken geben, dass ...	Je voudrais malgré tout faire remarquer que ...
Die Tatsache bleibt, dass ...	Le fait est que ...
Es ist sicherlich richtig, dass ...	Il est sûrement juste que ...

Verallgemeinern
Généraliser

Im Allgemeinen / Normalerweise ...	En général / Normalement ...
In der Regel ...	En règle générale ...
Dies lässt sich übertragen auf ... / verallgemeinern.	Cela peut s'appliquer à ... / être généralisé.
Generell lässt sich sagen, dass ...	En général, on peut dire que ...
Dies gilt nicht nur für ... sondern auch ...	Cela n'est pas seulement valable pour ... mais aussi ...
Dies gilt allgemein.	Cela est valable en général.
Für die große Mehrheit ...	Pour la grande majorité ...

Zusammenfassen
Résumer

Zusammenfassend lässt sich sagen ...	En résumé, on peut dire ...
Alles in allem ...	Tout compte fait ...
Insgesamt ...	Au total ...
Kurz gesagt ...	Bref ...
Unter dem Strich ...	Au bout du compte ...
Um es auf den Punkt zu bringen ...	Pour en venir au fait ...
Ich möchte das Wesentliche noch einmal zusammenfassen.	Je voudrais résumer l'essentiel.
Ganz wesentlich / wichtig ist hier ...	Ici, l'essentiel / le plus important, c'est ...

Schlussfolgerungen ziehen
Tirer des conclusions

Deswegen / Deshalb ...	C'est pourquoi / C'est pour ça que ...
Aufgrund dessen ...	En raison de cela ...
Hieraus lässt sich schließen / ersehen ...	On peut en conclure / On peut y voir ...
Hier zeigt sich, dass ...	Ici, on peut voir ...
Ich komme zu folgendem Schluss: ...	J'en tire la conclusion suivante : ...
Es ergeben sich folgende Schlussfolgerungen / Konsequenzen: ...	Il en résulte les conclusions / les conséquences suivantes : ...
Als Konsequenz ergibt sich für mich, dass ...	Pour ma part, j'en tire comme conséquence que ...
Als Fazit lässt sich ziehen ...	On peut dresser comme bilan ...
Es hat sich herauskristallisiert / deutlich gezeigt, dass ...	Il est ressorti / Il s'est avéré clairement que ...
Hieraus ergibt sich zwangsläufig ...	Il en résulte inévitablement ...
Nach sorgfältiger Abwägung der Argumente lässt sich sagen, dass ...	Après avoir soupesé soigneusement les arguments, on peut dire que ...
Im Großen und Ganzen ...	Dans l'ensemble ...
Wenn man alles in Erwägung zieht ...	Quand on envisage tous ces points ...
Es kann kein Zweifel bestehen ...	Il ne peut y avoir aucun doute ...
Die Fakten lassen nur einen Schluss zu.	Les faits ne mènent qu'à une seule conclusion.

Persönliche Meinungen angeben
Donner son opinion personnelle

Meiner Meinung / Ansicht nach ...	À mon avis / D'après moi ...
Meiner Überzeugung nach ...	Je suis convaincu(e) que ...
Meines Erachtens ...	À mon avis ...
Ich glaube / denke / vermute / meine, dass ...	Je crois / je pense / je suppose / je pense que ...
Ich bin der Ansicht / der Auffassung / der Meinung, dass ...	Je suis d'avis que ...
Ich stehe auf dem Standpunkt, dass ...	Je considère que ...
Was mich betrifft, bin ich der Auffassung, dass ...	Pour ma part, je suis d'avis que ...
Ich persönlich halte dies für unwahrscheinlich / überzeugend / richtig.	Personnellement, je trouve cela peu vraisemblable / convaincant / juste.
Ich bin überzeugt, dass ...	Je suis convaincu(e) que ...
Es steht für mich unzweifelhaft fest, dass ...	Pour moi, il est indubitable que ...
Ich halte es für sehr wahrscheinlich.	Selon moi, c'est très probable.

Die Meinung eines anderen angeben
Rapporter l'opinion d'une autre personne

Laut / Nach *[Name]* ...	Selon / D'après *[Nom]*...
[Name] zufolge ...	D'après *[Nom]* ...
[Name]	*[Nom]*
sagt / schreibt ...	dit / écrit ...
meint / glaubt / vermutet ...	pense / croit / suppose ...
behauptet ...	affirme ...
gibt an ...	déclare ...
ist der Meinung / Auffassung, dass ...	est d'avis que ...
betont ...	souligne ...
plädiert für / gegen ...	plaide pour / contre ...

Es wird allgemein angenommen / vermutet, dass ...	Tout le monde pense / suppose que ...
Es kann kein Zweifel bestehen, dass ...	Il ne peut y avoir aucun doute que ...
Viele meinen / glauben, dass ...	Beaucoup pensent / croient que ...
Die öffentliche Meinung ist für / gegen ...	L'opinion publique est pour / contre ...
Die Stimmung ist aufgeheizt / kühl / freundlich.	L'atmosphère est échauffée / froide / chaleureuse.
Es herrscht eine starke Tendenz dies so zu sehen.	On aurait / a plutôt tendance à le voir comme cela.
In wissenschaftlichen / informierten / politischen Kreisen geht man davon aus, dass ...	Dans les milieux scientifiques / informés / politiques on suppose que ...

Zustimmung ausdrücken
Exprimer son approbation

Ich stimme mit dem Autor / der Rednerin / der Dichterin überein.	Je suis d'accord avec l'auteur / l'oratrice / la poétesse.
Ich stimme *[Name]* zu, wenn er / sie sagt / schreibt, dass ...	Je suis d'accord avec *[Nom]* quand il / elle dit / écrit que ...
... findet meine volle Zustimmung.	... a toute mon approbation.
Dem schließe ich mich an.	Je me rallie à cet avis.
Dagegen ist nichts einzuwenden.	Il n'y a rien à objecter à cela.
Der Autor / Die Autorin	L'auteur / L'auteure
stellt völlig zu Recht fest, dass ...	constate à juste titre que ...
hat sicherlich Recht, wenn er / sie sagt ...	a sûrement raison quand il / elle dit ...
Ich schließe mich in diesem Punkt der Auffassung / Argumentation von *[Name]* an.	Je rejoins sur ce point l'opinion / l'argumentation de *[Nom]*.
Noch ein weiterer Punkt spricht für diese Auffassung.	Voici un autre point qui va dans le même sens que cette opinion.
Der Redner / Die Rednerin legt überzeugend dar, dass ...	L'orateur / L'oratrice expose de façon convaincante que ...
Ich halte die Auffassung / Argumentation für plausibel / überzeugend.	Je trouve cette opinion / cette argumentation plausible / convaincante.

Die Argumentation ist (absolut) überzeugend / schlüssig / plausibel / einleuchtend.	L'argumentation est (tout à fait) convaincante / concluante / plausible / convaincante.
Das ist ein schlagkräftiges / stichhaltiges / überzeugendes Argument.	C'est un argument persuasif / concluant / convaincant.
Auch dies spricht für / unterstützt die Auffassung von *[Name]*.	Cela plaide en faveur de l'opinion de *[Nom]*.

Ablehnung ausdrücken
Exprimer son désaccord

Ich stimme mit dem Autor / der Rednerin / der Dichterin nicht überein.	Je ne suis pas d'accord avec l'auteur / l'oratrice / la poétesse.
Ich kann die Auffassung von *[Name]* nicht teilen.	Je ne partage pas l'avis de *[Nom]*.
Ich stimme *[Name]* nicht zu, wenn er / sie sagt / schreibt, dass ...	Je ne suis pas d'accord avec *[Nom]* quand il / elle dit / écrit que ...
Der Redner / Die Rednerin kann nicht überzeugen, wenn er / sie sagt, dass ...	L'orateur / L'oratrice n'est pas convaincant / convaincante quand il / elle dit que ...
... überzeugen mich nicht.	... n'arrivent pas me convaincre.
Ich halte diese Argumentation für falsch.	Je considère cette argumentation comme erronée.
Die Argumentation ist	Cette argumentation est
(sehr) fragwürdig.	(très) douteuse.
(sehr) zweifelhaft .	(très) contestable.
(sehr) umstritten.	(très) controversée.
nicht stichhaltig.	peu concluante.
inakzeptabel.	inacceptable.
zu oberflächlich.	trop superficielle.
Die Argumentation ist	Cette argumentation n'est
nicht zwingend.	pas impérative.
nur auf den ersten Blick überzeugend.	convaincante qu'à première vue.
Das Argument	L'argument
ist wenig überzeugend.	est peu convaincant.

verfälscht die Tatsachen.	déforme les faits.
greift zu kurz.	fait à peine effet.
Ich habe dagegen einiges einzuwenden.	Je voudrais émettre quelques objections à cet égard.
Noch ein weiterer Punkt spricht gegen diese Auffassung.	Voici un autre point qui va à l'encontre de cette opinion.
Hier lässt sich jedoch einwenden, dass ...	Ici, on peut toutefois objecter que ...
Dies stimmt nicht immer / notwendigerweise.	Cela n'est pas toujours / nécessairement exact.
Ich stehe dem skeptisch / ablehnend gegenüber.	Je reste sceptique sur ce point / Je suis hostile à ce point de vue.
Ich bezweifle das.	J'en doute.
Ich lehne diese Argumentation / Auffassung ab.	Je suis en désaccord avec cette argumentation / cette opinion.
Davon halte ich nichts.	Je n'en fais aucun cas.

Verallgemeinern
Généraliser

Im Allgemeinen ...	En général ...
In der Regel ...	En règle générale ...
Im Großen und Ganzen ...	Dans l'ensemble ...
Prinzipiell lässt sich sagen ...	En principe, on peut dire ...
Grundsätzlich ...	Fondamentalement ...
Im Grunde ...	Au fond ...
Generell ...	Généralement ...
Meistens / Größtenteils ...	Le plus souvent / En majeure partie ...
Alles in allem ...	Tout compte fait ...
Dies lässt sich auch übertragen auf ...	Cela s'applique également à ...
Im Normalfall / Normalerweise ...	Normalement ...

Kurz und knapp
Brièvement

Zusammenfassend lässt sich sagen ...	On peut dire en résumé ...
Kurz (gesagt) ... / Kurzum ...	Bref ...
Im Wesentlichen ...	Pour l'essentiel ...
Um es kurz zu machen, ...	Brièvement ...
Um es einfach zu sagen, ...	Pour faire simple ...
Einfach ausgedrückt ...	En termes simples ...
Das lässt sich auf folgende / die knappe Formel bringen: ...	Cela peut se résumer à la formule suivante / à cette formule concise : ...
Auf den Punkt gebracht, ...	Pour en venir au fait ...
Als Fazit lässt sich ziehen, ...	On peut dresser comme bilan ...
die Quintessenz	la quintessence

Unerwartetes ausdrücken
Exprimer l'imprévu

Erstaunlicherweise ...	Étonnamment ...
Verblüffenderweise ...	À ma / ta / ... / grande stupéfaction ...
Merkwürdigerweise / Seltsamerweise ...	Curieusement ...
Unvorstellbarerweise ...	Incroyablement ...
Es ist bemerkenswert / ungewöhnlich / auffallend / atypisch, dass ...	C'est remarquable / inhabituel / frappant / atypique que ...
Diese Argumentation überrascht.	Cette argumentation est surprenante.
Ich war erstaunt festzustellen, dass ...	J'ai constaté avec étonnement que ...
Zu meinem Erstaunen / Zu meiner Überraschung ...	À mon grand étonnement / À ma grande surprise ...
Es / Daran fällt auf, dass ...	Il est frappant / On remarque que ...
Es springt ins Auge, dass ...	Cela saute aux yeux que ...
Ich musste mit Befremden feststellen, dass ...	J'ai dû constater avec stupeur que ...

Gemäß den Erwartungen
Conformément aux attentes

Erwartungsgemäß / Wie erwartet ...	Comme prévu ...
natürlich	naturellement
selbstverständlich	évidemment / bien sûr
typischerweise	de manière tout à fait typique
vorhersehbarerweise	de façon prévisible
zwangsläufig	inévitablement
Das ist typisch / charakteristisch für ...	C'est typique / caractéristique pour ...
Diese Entwicklung war abzusehen / vorauszusehen.	Cette évolution était prévisible.
Diese Entwicklung war unvermeidlich.	Cette évolution était inévitable.
Es braucht nicht besonders erwähnt zu werden, dass ...	Il n'est pas nécessaire de mentionner particulièrement que ...
Die Feststellung kann nicht überraschen.	Cette constatation n'est pas surprenante.
Diese Einstellung ist bezeichnend.	Cet état d'esprit est typique.

Ursachen angeben
Mentionner les causes

daher / deshalb	c'est pourquoi / c'est pour ça que
weil	parce que
da	comme / puisque
wegen	à cause de
Aufgrund von ...	En raison de ...
Bedingt durch ...	Dû(e) à ...
Infolge von ...	À la suite de ...
Der Grund, warum ...	La raison pour laquelle ...
Die Ursache von / für ...	La cause de ...
Ein Grund dafür ist ...	Une des raisons est ...
Aus diesem / demselben Grund ...	Pour cette / la même raison ...
Der wichtigste Grund ist wohl ...	La raison principale est bien ...
Dies kommt durch / resultiert aus ...	Cela provient / résulte de ...

Konsequenzen angeben
Mentionner les conséquences

daher	c'est pourquoi
dadurch	de ce fait / ainsi
deshalb	c'est pour ça que
infolgedessen	en conséquence
folglich / somit	par conséquent
Aus diesem Grund ...	Pour cette raison ...
Daraus resultiert / ergibt sich Folgendes: ...	Il en résulte la chose suivante : ...
Die Folge / Konsequenz ist ...	La conséquence est ...
Eine Folge / Die logische Folge davon ist ...	Une des conséquences / La conséquence logique est ...
... hat zur Folge, dass ...	... a pour conséquence ...
Das legt nahe ...	Cela laisse supposer ...
Als Ergebnis lässt sich festhalten ...	Comme résultat, on peut retenir ...
Dies lässt folgenden Schluss zu: ...	Cela conduit à la conclusion suivante : ...
Als Konsequenz daraus ergibt sich ...	Il en résulte comme conséquence ...
Als Fazit lässt sich ziehen, ...	On peut dresser comme bilan ...

Ursache und Konsequenz verbinden
Relier la cause et la conséquence

Dies führt zu / resultiert in / verursacht ...	Cela conduit à / mène à / occasionne ...
Das Ergebnis kommt durch ... zustande.	Le résultat provient de / réside dans ...
Diese Tatsache resultiert aus ...	Le fait résulte de ...
Das ist ein Ergebnis / eine Folge von ...	C'est un résultat / une conséquence de ...
Dies ist eine Konsequenz aus ...	Ceci est une conséquence de ...
Dies ergibt sich als logische Folge von ...	Cela s'avère être la conséquence logique de ...

Ähnlichkeiten aufführen
Énumérer des similitudes

wie / so wie ...	comme ...
vergleichbar (mit) ...	comparable (à) ...
ähnlich (wie) ...	de la même façon (que) ...
in ähnlicher Weise ...	de façon similaire ...
analog ...	par analogie ...
entsprechend ...	conformément à ...
Im Vergleich mit / zu ...	En comparaison de ...
Verglichen mit ...	Comparé(e) à ...
Wenn man X mit Y vergleicht, ...	Si on compare X à Y ...
Sowohl X als auch Y ...	X tout comme Y ...
Im Verhältnis zu ...	Par rapport à ...
... ist genau wie / ähnelt ...	... est exactement comme / ressemble à ...
... sind vergleichbar / sehr ähnlich.	... sont comparables / très semblables.
Es handelt sich um denselben Fall wie ...	Il s'agit du même cas que ...
Die beiden sind gleichwertig.	Les deux cas sont équivalents.
Es gibt kaum Unterschiede zwischen ... und ...	Il n'y a pratiquement pas de différences entre ... et ...
In dieser Hinsicht ähnelt es stark ...	À cet égard, cela ressemble fort à ...
Es erinnert an ...	Cela rappelle ...
Das weckt Assoziationen mit ...	Cela évoque des associations avec ...
Diese beiden Vorfälle haben etwas / viel gemeinsam.	Ces deux incidents ont quelques points / beaucoup de points communs.
Es gibt starke Parallelen / Übereinstimmungen zwischen ... und ...	Il y a beaucoup de parallèles / de concordances entre ... et ...
Das ist kaum zu unterscheiden.	On peut à peine faire la distinction.
Die Fälle haben viel gemeinsam / große Ähnlichkeiten.	Les cas présentent beaucoup de points communs / une grande similitude.
Die Parallelität ist augenfällig.	Le parallélisme saute aux yeux.
Dies trifft gleichermaßen auf ... wie (auf) ... zu.	Cela s'applique de la même manière à ... comme à ...

Unterschiede aufführen
Énumérer des différences

Während ...	Alors que ...
Einerseits ..., andererseits ...	D'un côté .... De l'autre ...
Auf der einen Seite ..., auf der anderen Seite ...	D'une part ... D'autre part ...
hingegen ...	en revanche ...
wogegen ...	tandis que ...
jedoch ...	pourtant ...
umgekehrt ...	inversement ...
allerdings ...	toutefois ...
nichtsdestotrotz ...	néanmoins ...
im Gegensatz zu ...	contrairement à ...
ganz anders als ...	tout autrement que ...
Das steht im krassen Gegensatz zu ...	Cela est en contradiction totale avec ...
Das ist das genaue Gegenteil von ...	C'est tout le contraire de ...
Die beiden sind nicht vergleichbar.	Les deux cas ne sont pas comparables.
Das hieße, Äpfel mit Birnen zu vergleichen.	Cela signifierait comparer des choses incomparables.
Die Fälle haben nichts gemeinsam / sind nicht zu vergleichen / weisen große Unterschiede auf.	Les cas n'ont rien en commun / ne sont pas comparables / présentent de grandes différences.
Die Fälle unterscheiden sich deutlich / spürbar.	Les cas se distinguent clairement / sensiblement.
Dazwischen liegen Welten.	Il y a un monde / un abîme entre les deux.
Man kann ... und ... nicht vergleichen.	On ne peut pas comparer ... et ...
... und ... kann man nicht einfach miteinander vergleichen.	On ne peut tout de même pas comparer... et ...
Das ist noch ganz weit entfernt von ...	C'est encore bien loin de ...
Der Redner / Die Rednerin möchte sich abheben von ...	L'orateur / L'oratrice veut se distinguer de ...
Das hat nichts miteinander zu tun.	Ceci n'a rien à voir avec cela.

Hier muss man differenzieren.	Il faut considérer cette question sous différents aspects.
Was ... von ... unterscheidet.	Ce qui distingue / différencie ... de ...
Diese beiden Sachen muss man auseinanderhalten.	Il faut distinguer ces deux choses.
Sie grenzen sich gegeneinander ab.	Elles se démarquent l'une de l'autre.
... ist das genaue Gegenteil von ...	... est tout le contraire de ...

Bezüge herstellen
Faire référence

In Bezug auf ...	Concernant ...
Im Hinblick auf ...	Compte tenu de ...
Hinsichtlich ...	En ce qui concerne ...
Was ... betrifft / anbelangt, ...	En ce qui concerne ...
Der Autor / Die Autorin bezieht sich auf ...	L'auteur / L'auteure se réfère à ...
Ich möchte an dieser Stelle an ... anknüpfen.	Je voudrais ici renouer avec ...
Dies hängt mit ... zusammen.	Cela est en rapport avec ...

Gewissheit
Une certitude

Offensichtlich ...	De toute évidence ...
Erwiesenermaßen / Nachweislich ...	Il est avéré / Il peut être prouvé que ...
Es gilt als erwiesen, dass ...	Il est prouvé que ...
Die Wissenschaft sieht dies als bewiesen an.	Les scientifiques le tiennent pour acquis.
Es steht zweifelsfrei / unzweifelhaft fest, dass ...	Il est tout à fait certain / indubitable que ...
Es versteht sich von selbst, dass ...	Il va de soi que ...
Man kann mit Sicherheit sagen, dass ...	On peut dire avec certitude que ...
Man kann mit Sicherheit sagen / davon ausgehen, dass ...	On peut dire avec certitude / partir du principe que ...
Es ist eine Tatsache, dass ...	C'est un fait que ...
Es steht in der Tat fest, dass ...	Effectivement, il est clair que ...
Das ist eine Tatsache.	C'est un fait.
Es ist klar, dass ...	Il est clair que ...
Es steht außer Frage / Zweifel, dass ...	Il ne fait aucun doute que ...
Es lässt sich nicht abstreiten, dass ...	On ne peut pas nier le fait que ...
Es lässt sich nicht vermeiden, dass ...	Il est inévitable que ...
Es ist nicht von der Hand zu weisen, dass ...	Il ne faut pas écarter du revers de la main l'idée que ...
Es ist doch / tatsächlich so, dass ...	Pourtant / En réalité, c'est comme ça que ...
Das ist sicherlich / definitiv so.	C'est sûrement / définitivement comme ça.
Wie man sehen kann, ...	Comme on peut le voir ...

Überzeugung
Une conviction

Ich bin überzeugt / der Überzeugung, dass ...	Je suis convaincu(e) que ...
Es entspricht meiner festen Überzeugung.	Cela reflète ma ferme conviction.
Ich bin sicher, dass ...	Je suis sûr(e) que ...
Es steht für mich fest, dass ...	Pour moi, il est clair que ...
Der Autor / Die Autorin legt glaubhaft / überzeugend dar, dass ...	L'auteur / L'auteure explique de façon convaincante que ...

Wahrscheinlichkeit
La probabilité

Wahrscheinlich ...	Probablement ...
Höchstwahrscheinlich ...	Selon toute vraisemblance ...
Vermutlich / Voraussichtlich ...	Probablement ...
Aller Wahrscheinlichkeit nach ...	Selon toute probabilité ...
Ich vermute / glaube / gehe davon aus, dass ...	Je suppose / Je crois / je pars du principe que ...
Es ist zu erwarten / anzunehmen, dass ...	On peut s'attendre à ce que / supposer que ...
Es steht zu erwarten, dass ...	On peut s'attendre à ce que ...
Ich halte es für wahrscheinlich / realistisch, dass ...	Je trouve vraisemblable / réaliste que ...
Ich rechne mit ...	Je prévois ...
Es ist mit ... zu rechnen.	Il faut prévoir ...
Diese Fakten dürften überzeugen.	Ces faits devraient convaincre / être convaincants.
Es könnte sein, dass ...	Il se pourrait que ...

Annahme
Une hypothèse

Es ist anzunehmen, dass ...	On peut supposer que ...
Man kann davon ausgehen, dass ...	On peut partir du principe que ...
Es scheint (so zu sein), dass ...	Il semble que ...
Es weist vieles darauf hin, ...	Tout le laisse supposer ...
Es steht zu vermuten, dass ...	On peut supposer que ...
Die Hinweise darauf verdichten sich.	Les indices en ce sens s'accentuent.
Vieles deutet darauf hin / weist in diese Richtung.	Beaucoup de choses le laissent augurer / vont dans ce sens.
Es besteht Grund zu der Annahme, dass ...	Tout laisse à penser que ...

Vermutung
Une supposition

Vermutlich ...	Probablement ...
Wahrscheinlich / Höchstwahrscheinlich ...	Probablement / Selon toute vraisemblance ...
Ich nehme an / vermute, dass ...	Je suppose que ...
Das ist auf jeden Fall eine Möglichkeit.	C'est en tout cas une possibilité.
Ich halte das nicht für ausgeschlossen.	Pour moi, cela n'est pas exclu.

Möglichkeit
La possibilité

Möglicherweise / Vielleicht ...	Peut-être ...
Eventuell ...	Éventuellement ...
Gegebenenfalls ...	Le cas échéant ...
Es besteht die Möglichkeit / eine geringe Möglichkeit, dass ...	Il est possible / peu possible que ...
Es ist (durchaus) denkbar / möglich, dass ...	Il est (tout à fait) pensable / possible que ...
Es ist nicht auszuschließen, dass ...	Il ne faut pas exclure que ...
Es kann sein, dass ...	Il se peut que ...
Dies könnte zu ... führen.	Cela pourrait mener à ...
Unter Umständen ...	Éventuellement ...
Wir sollten auch diese Möglichkeit bedenken.	Nous devrions également envisager cette possibilité.

Unsicherheit
L'incertitude

Eventuell ...	Éventuellement ...
Es könnte sein, dass ...	Il se pourrait que ...
Vielleicht ..., aber ...	Peut-être que ..., mais ...
Es ist nicht sicher, dass ...	Ce n'est pas sûr que ...
Es steht nicht zweifelsfrei / eindeutig fest, ob / dass ...	Il n'est pas tout à fait certain / clair si / que ...

Dieses Argument ist jedoch mit Vorsicht zu genießen.	Toutefois, cet argument ne doit pas être pris pour argent comptant.
Die Faktenlage gibt dies nicht eindeutig her.	Les faits ne le montrent pas clairement.
Dies sind nur vorsichtige / vorläufige Schätzungen.	Ce ne sont que des estimations prudentes / provisoires.
Dies ist jedoch nicht gesichert / belegt.	Cela n'est pourtant pas garanti / prouvé.
Dies ist noch in der Schwebe / nicht entschieden.	C'est encore en suspens / Ce n'est pas encore décidé.

Unwahrscheinlichkeit
L'improbabilité

Es ist	C'est
unwahrscheinlich.	improbable.
fraglich / zweifelhaft.	douteux.
umstritten.	controversé.
Das bleibt dahingestellt.	La question reste posée.
Es ist kaum / nicht zu erwarten, dass ...	On ne peut guère / pas s'attendre à ce que ...
Es ist so gut wie ausgeschlossen, dass ...	Il est pratiquement exclu que ...
Es ist kaum anzunehmen, dass ...	On ne peut guère supposer que ...
Es ist nicht damit zu rechnen, dass ...	On ne peut pas prévoir que ...

Zweifel
Des doutes

Ich bezweifle, dass ...	Je doute que ...
Es ist zweifelhaft / fraglich / unklar, ob ...	Il est douteux que ...
Es bestehen ernsthafte Zweifel an ...	Un doute certain plane sur ...
Ich bin nicht überzeugt, dass ...	Je ne suis pas convaincu(e) que ...
Hier erscheint Skepsis angebracht.	Ici, un certain scepticisme semble être indiqué.
Diese Schilderung ist äußerst fragwürdig / zweifelhaft.	Cette description est des plus douteuses.
Dies ist mit Vorsicht zu genießen.	Cela ne doit pas être pris pour argent comptant.

Unmöglichkeit
L'impossibilité

Es ist	C'est
ausgeschlossen.	exclu.
unmöglich.	impossible.
utopisch.	utopique.
undenkbar.	impensable.
unrealistisch.	irréaliste.
unvorstellbar.	inimaginable.
Das ist nicht möglich.	Ce n'est pas possible.
Davon kann keine Rede sein.	Il ne saurait en être question.
Diese Möglichkeit kann man ausschließen.	On peut exclure cette éventualité.
Es besteht keine Chance, dass ...	Il n'y a aucune chance que ...
Es besteht nicht die geringste Möglichkeit, dass ...	Il n'y a pas la moindre chance que ...

Schein
Apparences

Es scheint / erscheint ...	Il semble / il paraît ...
Es sieht aus, als ob ...	On dirait que ...
Es sieht ... aus, aber die Wahrheit ist, dass ...	On dirait ..., mais la vérité est que ...
Es erweckt / macht den Eindruck, dass ...	Cela donne / On a l'impression que ...
Es hat den Anschein, als wäre ...	On dirait que ... est ...
Es kommt mir vor, als ob ...	Il me semble que ...
Ich habe / bekomme den Eindruck, dass ...	J'ai l'impression que ...
Auf den ersten Blick ...	À première vue ...

Realität
Réalité

Es ist unbestreitbar, dass ...	Il est indiscutable que ...
Die Situation ist nicht, wie sie scheint.	La situation n'est pas telle qu'elle le paraît.
Die Wahrheit / Realität ist, dass ...	La vérité / La réalité est que ...
In Wirklichkeit / Wahrheit ...	En réalité ...
Es gibt starke / klare Anzeichen, dass ...	Il y a beaucoup d'indices / de sérieux indices qui montrent que ...
Da steckt mehr dahinter.	Cela cache quelque chose.

Betonen
Souligner

auf jeden Fall / auf gar keinen Fall	en tout cas / en aucun cas
in der Tat / tatsächlich	en effet / en réalité
unter allen / unter keinen Umständen	quoiqu'il arrive / en aucun cas
absolut / völlig	absolument / totalement
besonders	particulièrement
insbesondere	en particulier
vor allem	avant tout
in erster Linie	en premier lieu
hauptsächlich	surtout
Es ist genau das.	C'est exactement cela.
offen / ehrlich gesagt	pour être franc (franche) / franchement
besonders / ausdrücklich darauf hinweisen	attirer particulièrement / expressément l'attention sur ce fait
Es ist eindeutig, dass ...	C'est un fait évident que ...
Ich möchte	Je voudrais
bestätigen, dass ...	confirmer que ...
betonen, dass ...	souligner que ...
unterstreichen, dass ...	souligner que ...
deutlich machen, dass ...	mettre en évidence que ...
Ich messe diesem Punkt (eine) große / hohe Bedeutung bei.	J'accorde une grande importance à ce point.
Ich möchte diesen Punkt besonders herausstellen / hervorheben.	Je désire mettre particulièrement ce point en évidence.
Der Autor / Die Autorin betont wiederholt, dass ...	L'auteur / L'auteure souligne à plusieurs reprises que ...
Maßgeblich für diese Textstelle ist ...	Ce qui est déterminant pour ce passage, c'est ...
Lassen Sie mich klarstellen, dass ...	Je tiens à préciser que ...
Hier ist besonders wichtig, dass ...	Ici, il est particulièrement important que ...
Ich würde sogar sagen / behaupten, dass ...	Je dirais / J'affirmerais même que ...
Es fällt auf, dass ...	C'est frappant que ...
Das ist umso bemerkenswerter als ...	C'est d'autant plus remarquable que ...

Dies gilt umso mehr, als ...	Cela vaut d'autant plus que ...
Wenn ..., so liegt das an ... und nicht an ...	Si ..., cela est dû à ... et non pas à ...
nicht nur ..., sondern auch ...	non seulement ..., mais aussi ...
Von Reue zeigt der Protagonist keine Spur – (ganz) im Gegenteil.	Le protagoniste ne montre pas l'ombre d'un regret – (bien) au contraire.

Abmildern
Atténuer

eher	plutôt
mehr oder weniger	plus ou moins
teilweise	partiellement
zu einem gewissen Grad	jusqu'à un certain point
nicht ganz	pas tout à fait
Man sollte allerdings berücksichtigen / bedenken, dass ...	On devrait toutefois tenir compte de / réfléchir à ...
Man sollte jedoch beachten, dass ...	On devrait pourtant tenir compte de ...
Ohne ein vorschnelles Urteil fällen zu wollen, ...	Sans vouloir porter un jugement hâtif ...
Ohne jemandem zu nahe treten zu wollen, ...	Sans vouloir froisser quelqu'un ...
Ohne den Verfasser kritisieren zu wollen, ...	Sans vouloir critiquer l'auteur ...
Der Fairness halber muss gesagt werden, dass ...	Par souci de loyauté, il faut dire que ...
Bei aller gebotenen Vorsicht, ...	Avec toute la prudence qui s'impose ...
Dies ist nicht ganz von der Hand zu weisen.	Cela ne se laisse pas écarter du revers de la main.
Das soll nicht heißen, dass ..., sondern vielmehr, dass ...	Cela ne veut pas dire que ... mais plutôt que ...
Es wäre ungerecht / unfair / übertrieben / unangebracht.	Ce serait injuste / déloyal / exagéré / déplacé.

Allgemeine Informationen
Informations générales

Er / Sie ist	Il / Elle est
männlich / weiblich.	de sexe masculin / féminin.
jung / mittleren Alters / älter / alt / jung geblieben.	jeune / d'un âge moyen / plus âgé(e) / agé(e) / resté(e) jeune.
ein Mann im besten Alter.	un homme dans la force de l'âge.
Waise	orphelin(e).
verheiratet / ledig / geschieden / verwitwet.	marié(e) / célibataire / divorcé(e) / veuf(veuve).
ein Kind / ein Jugendlicher / ein Erwachsener.	un enfant / un(e) jeune / un(e) adulte.
Engländer(in) / Deutsche(r) / Amerikaner(in).	Anglais(e) / Allemand(e) / Américain(e).
französischer Staatsbürger / französische Staatsbürgerin.	citoyen(ne) français(e).
schwarz / weiß.	noir(e) / blanc(blanche).
türkischer Herkunft / Abstammung.	d'origine turque.
Arzt / Lehrer / Naturwissenschaftlerin.	médecin / professeur / scientifique.
religiös / gläubig / andersgläubig.	pieux(-euse) / croyant(e) / de confession différente.
Atheist / ungläubig.	athé(e).
Jemand ist 25 Jahre alt.	Quelqu'un a 25 ans.
eine 30-jährige Frau	une femme de 30 ans

Äußere Erscheinung
Apparence physique

Er / Sie ist	Il / Elle est
überdurchschnittlich groß / groß / mittelgroß / klein.	plus grand(e) que la moyenne / grand(e) / de taille moyenne / petit(e).
attraktiv / hübsch.	séduisant(e) / joli(e).
schön / gutaussehend.	beau(belle).
unattraktiv / unscheinbar / eine graue Maus / hässlich.	peu séduisant(e) / insignifiant(e) / quelconque / laid(e).

stattlich / dick / fettleibig / stämmig / kräftig.	de stature imposante / gros(se) / obèse / trapu(e) / fort(e).
dünn / schlank / zierlich / grazil / schlaksig / schmächtig.	maigre / mince / menu(e) / gracile / dégingandé(e) / malingre.
blond / braunhaarig / rothaarig.	blond(e) / brun(e) / roux(rousse).
blass / gebräunt.	pâle / bronzé(e).
Er / Sie ist modisch / altmodisch / schick / leger gekleidet.	Il / Elle s'habille à la mode / de façon démodée / avec chic / de façon décontractée.
Er / Sie hat	Il / Elle a
ein ebenmäßiges / faltiges / feingeschnittenes / gerötetes / zartes Gesicht.	un visage aux traits réguliers / ridé / fin / rougeaud / aux traits délicats.
große / grüne / weit auseinanderstehende Augen.	de grands yeux / les yeux verts / très écartés.
eine lange Nase / platte Nase / spitze Nase / Hakennase / Stupsnase.	un long nez / un nez aplati / pointu / crochu / retroussé.
abstehende / große Ohren.	les oreilles écartées / de grandes oreilles.
einen großen / vollen / sinnlichen / geschwungenen Mund.	une grande bouche / une bouche aux lèvres épaisses / une bouche sensuelle / galbée.
ein energisches / fliehendes / spitzes Kinn.	un menton volontaire / fuyant / pointu.
einen hellen / blassen / dunklen Teint.	un / le teint clair / pâle / mat.
einen verträumten / klaren / durchdringenden / offenen / sanften Blick.	un regard rêveur / clair / perçant / franc / doux.
schwarze / weiße / blonde Haare.	les cheveaux noirs / blancs / blonds.
Locken / glatte Haare / lange Haare / schütteres Haar / eine Glatze.	des boucles / les cheveux raides / de longs cheveux / les cheveux clairsemés / une calvitie.
eine laute / leise / (un)angenehme / sonore / dünne / raue / samtige Stimme.	une voix forte / basse / (dés)agréable / bien timbrée / fluette / rauque / veloutée.
Sommersprossen / Pickel / Grübchen / Narben.	des taches de rousseur / des boutons / des fossettes / des cicatrices.
eine Brille.	des lunettes.
rote Schuhe / eine graue Jacke an.	des chaussures rouges / une veste grise.
Er / Sie hat eine gute / tolle / stattliche / schlanke Figur.	Il / Elle est bien fait(e) / a un corps superbe / une stature imposante / un corps mince.
Er / Sie sieht gut / schlecht / südländisch aus.	Il / Elle a bonne / mauvaise mine / le type méditerranéen.

Er / Sie sieht sportlich / sympathisch / gestresst / krank / müde aus.	Il / Elle a l'air sportif(-ive) / sympathique / stressé(e) / malade / fatigué(e).
Er / Sie wirkt entschlossen / fröhlich / verstört / zufrieden / zurückhaltend / gut gelaunt.	Il / Elle a l'air décidé / joyeux(-euse) / bouleversé(e)/ content(e) / réservé(e) / (d'être) de bonne humeur.
Er / Sie macht einen netten / verschlossenen Eindruck.	Il / Elle a l'air gentil(le) / donne l'impression d'être renfermé(e).

Wichtige Adjektive für die Personenbeschreibung

anmutig	gracieux(-euse)	≠	schwerfällig	lourdaud(e), pataud(e)
anständig	convenable	≠	gemein	odieux(-euse)
anziehend	attirant(e)	≠	hässlich abstoßend	laid(e) répugnant(e), dégoûtant(e)
aufgeschlossen	ouvert(e)	≠	verschlossen zurückhaltend	renfermé(e) réservé(e)
aufmerksam	attentif(-ive)	≠	verträumt	rêveur(-euse)
ausgeglichen	pondéré(e)	≠	launisch gestresst	lunatique stressé(e)
begabt	doué(e)	≠	unbegabt	peu doué(e)
bescheiden	modeste	≠	eingebildet hochmütig, hochnäsig	prétentieux(-euse), imbu(e) de sa personne arrogant(e), hautain(e)
ehrgeizig	ambitieux(-euse)	≠	antriebslos	indolent(e)
ehrlich	sincère	≠	unehrlich durchtrieben	pas franc(franche) rusé(e)
einfühlsam	compréhensif (-ive)	≠	ungerührt	impassible
einsichtig	sensé(e)	≠	engstirnig	borné(e)
fleißig	assidu(e), travailleur(-euse)	≠	faul	paresseux(-euse)
friedlich	paisible	≠	gewalttätig streitsüchtig	violent(e) querelleur(-euse)
fröhlich	joyeux(-euse)	≠	trübselig	morose
gefühlvoll	sensible	≠	gefühlskalt	de glace
gesprächig	bavard(e)	≠	wortkarg	peu loquace, laconique

gewissenhaft	consciencieux (-euse)	≠	nachlässig	peu consciencieux(-euse), négligent(e)
großzügig	généreux(-euse)	≠	geizig kleinlich	avare, pingre pingre
gut gelaunt	de bonne humeur	≠	übellaunig	grincheux(-euse)
gutmütig	d'un bon naturel	≠	boshaft hinterlistig	méchant(e) sournois(e)
intelligent	intelligent(e)	≠	dumm	bête
klug	avisé(e)	≠	dumm	bête
lieb	gentil(e)	≠	boshaft	méchant(e)
liebevoll	affectueux(-euse)	≠	gefühlskalt	de glace
mutig	courageux(-euse)	≠	ängstlich	anxieux(-euse)
offenherzig	franc(franche)	≠	listig	rusé(e)
optimistisch	optimiste	≠	pessimistisch	pessimiste
reif	mûr(e)	≠	kindisch	puéril(e)
rücksichtsvoll	prévenant(e)	≠	rücksichtslos	sans scrupules
ruhig	calme	≠	hektisch	agité(e)
sanft	doux(douce)	≠	hart	dur(e)
selbstlos	désintéressé(e)	≠	egoistisch	égoïste
selbstsicher	sûr de lui / sûre d'elle	≠	unsicher	qui manque d'assurance
sensibel	sensible	≠	unsensibel	insensible
souverän	souverain(e)	≠	unsicher	qui manque d'assurance
sparsam	économe	≠	verschwenderisch	dépensier(-ière)
sympathisch	sympathique	≠	unsympathisch	antipathique
temperament-voll	plein(e) de tempérament, dynamique	≠	temperamentlos	sans tempérament
uneigennützig	désintéressé(e)	≠	egoistisch	égoïste
verständnisvoll	compréhensif (-ive)	≠	verständnislos	incompréhensif(-ive)
vertrauend	confiant(e)	≠	misstrauisch	méfiant(e)
verzeihend	indulgent(e)	≠	rachsüchtig	rancunier(-ière)
vorsichtig	prudent(e)	≠	leichtsinnig	inconscient(e)
warmherzig	chaleureux(-euse)	≠	kaltherzig	sans cœur
zielstrebig	déterminé(e)	≠	ziellos	sans but

Charaktereigenschaften
Traits de caractère

Er / Sie	Il / Elle
ist sehr engagiert / höflich / pingelig.	est très engagé(e) / poli(e) / maniaque.
hat viele positive Charakterzüge.	a beaucoup de traits de caractère positifs.
hat eine wunderbare / starke / einzigartige Persönlichkeit.	a une merveilleuse / forte personnalité / une personnalité unique en son genre.
hat ein sonniges / sanftes Gemüt.	est une nature gaie / a un cœur tendre.
ist von hoher / wacher / durchschnittlicher / überlegener Intelligenz.	est d'une grande / vive intelligence / est d'une intelligence moyenne / supérieure.
neigt zu Wutausbrüchen / verliert schnell die Fassung.	se met facilement en colère / perd vite son sang-froid.
scheint nett / gebildet / arrogant zu sein.	a l'air gentil(le) / cultivé(e) / arrogant(e).
hat ein Talent für / zu ...	a du talent pour ...
Man könnte ihn / sie als ... beschreiben.	On pourrait le / la décrire comme ...
Er / Sie beschreibt sich selbst als ...	Il / Elle se décrit lui-même / elle-même comme ...

Stellung
Rang social

Er / Sie ist	Il / Elle est
hoch angesehen.	très estimé(e).
ein Ausgestoßener.	un paria / un exclu.
wichtig / unbedeutend.	important(e) / insignifiant(e).
gebildet / ungebildet.	cultivé(e) / inculte.
reich / wohlhabend / arm.	riche / fortuné(e) / pauvre.
aus gutem Hause.	de bonne famille.
adelig / bürgerlich.	noble / bourgeois(e).
ein Brahman / eine Brahmanin / ein Unberührbarer / eine Unberührbare.	un(e) brahmane / intouchable.

Er / Sie	Il / Elle
kommt aus einem gutbürgerlichen / ärmlichen / künstlerischen / kriminellen Milieu.	est issu(e) d'un milieu bourgeois / pauvre / artistique / délinquant.
stammt aus einem kleinbürgerlichen Elternhaus.	est issu(e) d'une famille de la petite bourgeoisie.
gehört (nicht) dazu.	(n') appartient (pas) à ce milieu.
gehört zu den oberen Zehntausend.	fait partie du gotha.
lebt am Rande der Gesellschaft.	vit en marge de la société.
genießt hohes Ansehen.	jouit d'une grande considération / estime.
wird diskriminiert / verachtet.	est discriminé(e) / méprisé(e).
gehört einer niedrigen / hohen Kaste an.	appartient à une caste de rang inférieur / élevé.

Funktion im Text
Fonction dans le texte

Diese Figur spielt eine Hauptrolle / untergeordnete Rolle.	Ce personnage joue le premier rôle / un petit rôle.
Der Charakter ist ausgearbeitet / nicht ausgearbeitet.	Le caractère est / n'est pas très élaboré.
Ihr Egoismus wird kontrastiert mit der Großzügigkeit der Heldin.	Son égoïsme contraste avec la générosité de l'héroïne.
Seine Vergesslichkeit hat eine komische Funktion.	Son étourderie / Sa mémoire défaillante a une fonction comique.
Dieser Charakter ist der typische jugendliche Liebhaber / die typische jugendliche Heldin.	Ce personnage est le jeune amant type / la jeune héroïne type.
Das Zögern der Hamletfigur ist oft diskutiert worden.	L'hésitation du personnage de Hamlet a été souvent l' objet de débats.
Sein amoralisches Verhalten macht ihn zu einem Antihelden.	Son comportement amoral fait de lui un antihéros.
Der Charakterfehler des tragischen Helden.	Le défaut de caractère du héros tragique.
Diese Figur greift das Carpe-diem-Motiv / den Ödipusmythos auf.	Ce personnage reprend le thème du Carpe diem / le mythe d'Œdipe.

Beschaffenheit
Texture

Etwas ist	Quelque chose est
hart / weich.	dur(e) / mou(molle).
rau / glatt.	rugueux(-euse) / lisse.
brüchig / zerbrechlich / fest / biegsam.	friable / fragile / rigide / souple.
scharf / stumpf.	coupant(e) / émoussé(e) .
flüssig / gasförmig / fest.	liquide / gazeux(-euse) / solide.
heiß / warm / kalt / eisig.	brûlant(e) / chaud(e) / froid(e) / glacial(e).
schwer / leicht.	lourd(e) / léger(-ère).
aus Holz / Metall / Knochen.	en bois / métal / os.
silbern / golden.	en argent / or.
Etwas ist aus ... gebaut / gemacht.	Quelque chose est fait(e) en ...

Form
Forme

Etwas ist	Quelque chose est
viereckig / rechteckig.	rectangulaire.
quadratisch.	carré(e).
ein Viereck / Quadrat.	un rectangle / carré.
dreieckig / ein Dreieck.	triangulaire / un triangle.
rund / ein Kreis / oval.	rond(e) / un cercle / oval(e).
sternförmig / ein Stern.	en étoile / une étoile.
sternförmig angeordnet.	en forme d'étoile.
Etwas hat eine quadratische Form.	Quelque chose a une forme carrée.

Ort
Endroit

Ein Ort ist	Un endroit est
abgeschieden / trostlos / gottverlassen.	loin de tout / sinistre / perdu .
ruhig.	calme.

friedlich.	paisible.
flach / bergig / hügelig.	plat / montagneux / vallonné.
wild / karg / windgepeitscht.	sauvage / pauvre / venteux.
bewaldet.	boisé.
bezaubernd / herrlich / malerisch.	charmant / magnifique / pittoresque.
eine Küstenlage / ländliche Lage / städtische Lage	un site côtier / campagnard / urbain
hohe / schneebedeckte Berge	de hautes montagnes / des montagnes enneigées
ein Sandstrand / Kieselstrand / von Palmen gesäumter Strand / menschenleerer Strand	une plage de sable / de galets / bordée de palmiers / déserte
hohe / steile / schroffe Klippen	de hauts récifs / des récifs escarpés / abrupts
ein dunkler / dichter / undurchdringlicher Wald	une forêt sombre / dense / impénétrable
der Weiler / das Dorf / die Stadt / die Großstadt	le hameau / le village / la ville / la grande ville
eine überfüllte / dicht besiedelte / belebte Stadt	une ville surpeuplée / à la population dense / animée
ein verschlafenes / ruhiges Städtchen	une petite ville peu animée / calme
Die Landschaft / der Blick ist überwältigend / atemberaubend / dramatisch / herrlich.	Le paysage / la vue est grandiose / époustouflant(e) / spectaculaire / magnifique.
Etwas	Quelque chose
liegt direkt am Strand / malerisch inmitten eines Olivenhains.	est situé(e) directement au bord de la plage / dans un cadre pittoresque au milieu d'une oliveraie.
ist etwas abgelegen.	est un peu isolé(e).
ist etwas versteckt / nicht zu sehen.	est un peu à l'écart / n'est pas visible.
befindet sich westlich von ... / etwa 20 km außerhalb von ... / am Ende der Welt.	est situé(e) à l'ouest de ... / à 20 km en dehors de ... / au bout du monde.
Der erste Eindruck ist, dass ... / ist von ...	La première impression est que ... / est celle de ...
Es erinnert einen an ...	Cela rappelle ...
Es ist die älteste Kirche / das höchste Plateau / der abgeschiedenste Ort der Welt.	C'est la plus vieille église / le plus haut plateau / l'endroit le plus isolé du monde.

Eine Karikatur interpretieren

In Tageszeitungen, Magazinen oder dem Internet - immer wieder verarbeiten Künstler aktuelle Themen in lustigen Bildern. Diese sogenannten **Karikaturen** (franz. *caricatures*) sind witzige Zeichnungen mit einem bestimmten Zweck: Sie sollen Politik oder Alltagsleben aufs Korn nehmen.

Aber was genau ist mit einer bestimmten Karikatur gemeint? Einen wichtigen Hinweis darauf gibt die Quelle. So bewertet beispielsweise eine linksorientierte bzw. liberale Zeitung politische Geschehnisse anders als ein konservatives Medium. Um den Sinn einer Karikatur zu erschließen, analysieren Sie deren **Überschrift**, **Wortbeiträge** (falls vorhanden), **Handlung** sowie die **Übertreibung**. Machen Sie sich dazu Notizen.

Die **Überschrift** klärt häufig das Thema. Untersuchen Sie weitere **Wortbeiträge** auf Ironie und andere Stilmittel. Erstellen Sie eine Liste über andere (nonverbale) **Symbole**. Analysieren Sie die **Handlung**: Steht Sie im Widerspruch zu oder im Gleichklang mit der Überschrift? Worin liegt genau die **Übertreibung**? Sie dient dazu, die Gesamtaussage herauszustellen.

Führen Sie zum Schluss Ihre Notizen über die einzelnen Aspekte zusammen. Daraus können Sie die Gesamtbedeutung der Karikatur erschließen.

Bilder und Comicstrips
Images et bandes dessinées

der Fotograf / der Künstler / der Zeichner	le photographe / le peintre / le dessinateur
der Cartoon / die Karikatur	le dessin humoristique / la caricature
der Comic(strip)	la bande dessinée / la BD
die Bildunterschrift	la légende
die Sprechblase / die Gedankenblase	la bulle
Das Bild zeigt ... / stellt ... dar.	Le tableau montre / représente ...
Man kann ... erkennen / sehen.	On peut reconnaître / voir ...
Es ist ... abgebildet.	... est représenté(e).
Der Blick wird auf ... gelenkt.	Le regard se pose sur ...
Im Vordergrund / Hintergrund ...	Au premier plan / Au second plan ...
In der Bildmitte ...	Au centre du tableau ...
Am oberen / unteren / rechten / linken Bildrand ...	En haut / En bas / À droite / À gauche du tableau ...
In der rechten oberen / linken unteren Ecke ...	Dans le coin en haut à droite / en bas à gauche ...
Die Figur ist scharf / unscharf.	Le personnage est net / flou.

Der Hintergrund ist nur verschwommen zu sehen.	Le fond est flou.
der Fluchtpunkt	le point de fuite
Man kann parallele Linien erkennen.	On peut voir des lignes parallèles.
Das Motiv wiederholt sich noch einmal / wird noch einmal aufgegriffen.	Le thème se répète / est repris encore une fois.
die Farbgestaltung	l'arrangement des couleurs
die Formgebung	le façonnage
die Botschaft	le message
Das Bild fängt eine fröhliche / bedrückende Stimmung ein.	Le tableau rend une atmosphère joyeuse / déprimante.
Das Bild schafft eine düstere / merkwürdige Stimmung.	Le tableau donne une impression sinistre / d'étrangeté.
Das Bild vermittelt dem Betrachter ein Gefühl / ein Eindruck von ...	Le tableau donne au spectateur le sentiment / l'impression de ...
... lenkt die Aufmerksamkeit auf ...	... attire l'attention sur ...
... ist ein Symbol von ...	... est un / le symbole de ...

Sich auf eine Grafik beziehen
Commenter un graphique

das Tortendiagramm	le diagramme en secteurs / circulaire
das Balkendiagramm / das Stabdiagramm	le diagramme en bâtons
Wie aus der Grafik / dem Diagramm ersichtlich ...	Comme on peut le voir sur le graphique / diagramme ...
Die Grafik / Die Tabelle / Das Diagramm zeigt ...	Le graphique / Le tableau / Le diagramme montre ...
Anhand der Grafik / der Tabelle / dem Diagramm (auf Seite ...) kann man zeigen / nachweisen ...	À l'aide du graphique / du tableau / du diagramme (page ...), on peut voir / démontrer ...
Deutet man die Zahlen der Tabelle richtig, wird deutlich ...	Quand on interprète les chiffres correctement, on voit clairement ...
Am Verlauf der Kurve kann man ablesen ...	Au vu de la courbe, on peut déduire ...
Tabelle Nr. 1 bezieht sich auf ...	Le tableau n° 1 se réfère / se rapporte à ...
Die Grafik zeigt die Entwicklung von 2003 bis 2007.	Le graphique montre l'évolution de 2003 à 2007.
Bei genauer Betrachtung des Kurvenverlaufs erkennt man ...	Un examen un peu attentif du tracé de la courbe indique ...
Das Verhältnis ist in Prozentzahlen / in absoluten Zahlen angegeben.	La proportion est exprimée en pourcentage / en valeurs absolues.

Auf der Landkarte kann man die unterschiedliche Bevölkerungszusammensetzung klar erkennen.	Sur la carte géographique, on peut voir clairement la composition démographique variée.

Änderungen und Verhältnisse beschreiben
Décrire les changements et la situation

ein stetiger / steiler / leichter / deutlicher Aufwärtstrend / Abwärtstrend	une tendance continue / fulgurante / une légère / nette tendance à la hausse / baisse
ein allmählicher / dramatischer Anstieg / Rückgang	une augmentation / baisse progressive / dramatique
mit fallender / steigender Tendenz	avec une tendance à la baisse / hausse
Die Kurve steigt / fällt.	La courbe est ascendante / descendante.
Im Jahr 2006 erreicht diese Entwicklung ihren Höhepunkt / Tiefpunkt.	En 2006, cette évolution atteint son point culminant / son niveau le plus bas.
Die Kurve ist von starken Schwankungen gekennzeichnet.	La courbe est caractérisée par de fortes fluctuations.
Hier erkennt man eine signifikante Abweichung.	Ici, on constate une divergence significative.
Die Auswirkung dieses Ereignisses findet einen eindeutigen Niederschlag in der Grafik.	Les répercussions de cet événement se retrouvent de façon indiscutable sur le graphique.
Die Preissteigerung zeigt sich deutlich / mit etwas Verzögerung / kaum in der Kurve.	La courbe visualise clairement / avec un léger retard / à peine la hausse des prix.
Die Verhältnisse sind unübersichtlich, insgesamt lässt sich jedoch eine steigende / fallende Tendenz feststellen.	La situation est confuse. Pourtant, on peut constater globalement une tendance à la hausse / baisse.
Über die Hälfte der Befragten ...	Près de la moitié des personnes interrogées ...
Die große Mehrheit ... / Eine kleine Minderheit ...	La grande majorité ... / Une petite minorité ...
Nur ca. 20 % der Befragten verwenden ...	Seulement 20 % des personnes interrogées utilisent ...
Während 1995 nur 42 % optimistisch in die Zukunft sahen, waren es 2005 68 %.	Alors qu'en 1995, seulement 42 % avaient une vision optimiste de l'avenir, ils étaient 68 % en 2005.
Während im Jahr 1960 der Anteil der Kinder, die bei einem Elternteil aufwachsen, sehr gering war, ergibt sich 2006 ein ganz anderes Bild.	Alors qu'en 1960, la proportion des enfants qui vivaient dans une famille monoparentale était très faible, on constate, en 2006, une situation tout à fait différente.

Berichten
Rapporter des faits

Es ereignete sich / geschah / passierte, als ...	Cela s'est produit / s'est passé / Cela est arrivé quand ...
Das Ereignis fand vor kurzem statt.	L'événement a eu lieu récemment.
[Name]	*[Nom]*
spricht über ...	parle de ...
stellt fest, dass ...	constate que ...
zeigt anschaulich ...	montre clairement ...
erzählt, dass ... / von ...	raconte que ... / raconte ...
berichtet über ...	informe de ...
berichtet ausführlich, dass ...	rapporte en détail que ...
schildert folgenden Fall:	décrit le cas suivant :
legt dar, dass ...	explique que ...
präsentiert die Fakten.	présente les faits.
spielt auf ... an.	fait allusion à ...
macht eine Anspielung auf ...	fait allusion à ...
führt ... im Einzelnen aus.	expose les faits en détail.
beschreibt die Vorfälle im Detail.	décrit les incidents en détail.
ein Bericht über	un reportage / compte-rendu de
In dem Artikel / Bericht steht, dass ...	Dans cet article / ce compte-rendu, on peut lire que ...

Zeitangaben machen
Donner des indications de temps

im Jahr 1989 / im 20. Jahrhundert / in den 80er-Jahren	en 1989 / au 20ème siècle / dans les années 80
im Mai	en mai / au mois de mai
am 14. November 2007 / am Freitag	le 14 novembre 2007 / vendredi
an diesem Tag	ce jour-là
während des letzten Jahrtausends	au cours du millénaire dernier
im Jahre 502 vor Christi Geburt / 1824 nach Christus	en 502 avant Jésus-Christ / en 1824 après Jésus-Christ

vor 25 Jahren / vor 3 Tagen	il y a 25 ans / 3 jours
von 2003 - 2007	de 2003 à 2007
letztes Weihnachten / Ostern	Noël dernier / l'année dernière à Pâques
gestern / heute / morgen	hier / aujourd'hui / demain
vorgestern / übermorgen	avant-hier / après-demain
vorige / nächste Woche	la semaine dernière / prochaine
letzten / nächsten Sonntag	dimanche dernier / prochain
zur Zeit des / der ...	à l'époque du / de la / de l' / des ...
zu Zeiten von Molière	à l'époque de Molière
vor kurzem	récemment / il y a peu de temps
in der Vergangenheit / Zukunft	dans le passé / à l'avenir
in jüngster Vergangenheit	dans un passé tout récent
in naher / ferner Zukunft	dans un proche avenir / un avenir lointain

Sequenzen: vorher
Séquences: avant

vorher	avant
zuvor / davor	auparavant / avant
in den Jahren davor	les années précédentes
am Tag vor	le jour avant
ehe / bevor	avant que / avant de
als / als noch nicht	quand / quand ... ne ... pas encore
damals / einst	à cette époque-là / autrefois
früher	autrefois
seinerzeit	à l'époque
vor dieser Zeit	avant cette époque

Jetzt
Maintenant

jetzt / nun	maintenant
in diesem Moment / Augenblick	à ce moment-là / à cet instant
gerade	justement

momentan / zurzeit / derzeit	en ce moment / pour le moment / actuellement
gegenwärtig	à l'heure actuelle / actuellement
heute	aujourd'hui
in der Welt von heute	dans le monde actuel
heutzutage	de nos jours
in der heutigen Zeit	à l'époque actuelle
im heutigen Russland	dans la Russie actuelle
in der jetzigen Situation	dans la situation actuelle
zu diesem Zeitpunkt	à ce moment-là
gleichzeitig	en même temps
immer noch	toujours (et encore)
Gerade jetzt sollte man nicht ...	C'est justement maintenant qu'on ne doit / ne devrait pas ...
Es ist aktuell so, dass ...	Il est d'actualité de ...
bis jetzt / bis heute	jusqu'à présent / aujourd'hui
von jetzt / heute an	à partir de maintenant / d'aujourd'hui

Nach
Après

nach diesen Ereignissen	après ces événements
nach Beendigung des Projektes	une fois le projet terminé
Nach zwei Jahren zog sie nach Berlin.	Deux ans après, elle a déménagé à Berlin.
in den darauf folgenden Jahren	les années suivantes
dann / danach	ensuite / après
als das passiert war	quand / au moment où c'est arrivé
nachher	après
anschließend	ensuite
nachdem	après que
hinterher	après / après coup
sobald	aussitôt que

Jahre später	des années plus tard
im Folgenden	comme suit
nachfolgend	ensuite / puis
bald / kurz darauf	peu après
daraufhin	dans la suite

Während
Pendant

während	pendant
unterdessen / währendessen	entre-temps / pendant ce temps
inzwischen	entre-temps
Zu diesem Zeitpunkt befand er sich in ...	À ce moment-là, il se trouvait à .... / en ...
gleichzeitig / zugleich	en même temps
zusammen	ensemble
Die beiden Ereignisse fallen zusammen.	Les deux événements coïncident
zur selben / gleichen Zeit	au même moment
parallel dazu	parallèlement à cela
immer noch	toujours (et encore)

Freude
Joie

Er freut sich (sehr), dass ... / über ...	Il est (très) heureux que ... / de ...
Es bereitet ihr große Freude ...	Ça / Cela lui fait très plaisir ...
Er ist sehr froh, dass ...	Il est très content que ...
Sie ahnte gar nicht, wie sehr er sich freute.	Elle ne pouvait pas s'imaginer combien il était content.
glücklich / froh / fröhlich / begeistert / unbeschwert sein	être heureux(-euse) / content(e) / joyeux (-euse) / enthousiaste / insouciant(e)
ein helles / fröhliches / glückliches / ansteckendes Lachen	un rire clair / joyeux / radieux / contagieux
ein bezauberndes / strahlendes / jungenhaftes / spitzbübisches Lächeln	un charmant sourire / un sourire radieux / de gamin / malicieux
Er strahlte vor Freude / Glück.	Il rayonnait de joie / de bonheur.
Sie lachte / lächelte / weinte vor Freude.	Elle riait / souriait / pleurait de joie.
Das Kind war ganz aus dem Häuschen.	L'enfant était tout excité.
Die ältere Dame sprühte vor Lebenslust.	La vieille dame pétillait de joie de vivre / respirait la joie de vivre.

Traurigkeit
Tristesse

traurig / bedrückt / betrübt / verzweifelt / depressiv sein	être triste / abattu(e) / désolé(e) / désespéré(e) / dépressif(-ive)
Er fühlt sich traurig.	Il se sent triste.
Es macht sie traurig / stimmt sie traurig.	Cela la rend triste.
Es bedrückt / belastet / deprimiert ihn.	Cela le tourmente / lui pèse / le déprime.
Es ist schade, dass ...	C'est dommage que ...
Sie weinte still vor sich hin / bitterlich / verzweifelt.	Elle pleurait en silence / amèrement / désespérée.
Sie weinte ihm noch lange nach / bittere Tränen nach.	Longtemps, elle le regretta vivement / Elle versa des larmes amères à son souvenir.
Ihm standen die Tränen in den Augen.	Il avait les larmes aux yeux.

Der Krieg brachte unendliches Leid über das Land.	La guerre amena des souffrances infinies dans tout le pays.
Sie war untröstlich.	Elle était inconsolable.
Er war starr vor Trauer.	Il était comme paralysé de chagrin.
Er trauerte um seine Frau.	Il était en deuil de sa femme.
Sie gedenken ihrer in stiller Trauer.	Ils évoquent son souvenir avec une profonde tristesse.

Bedauern
Regret

Er bereute es zutiefst / sein Leben lang.	Il l'a profondément regretté / Il l'a regretté sa vie durant.
Sie konnte es sich nie verzeihen, dass ...	Elle n'a jamais pu se pardonner de ...
Er bedauerte sein Verhalten und bat um Entschuldigung.	Il a regretté son attitude et a demandé de l'excuser.
Zu seinem großen Bedauern ...	À son grand regret ...
Die Zeitung musste den Artikel mit dem Ausdruck tiefsten Bedauerns zurücknehmen.	Le journal a dû retirer l'article en exprimant son profond regret.
Er empfand große Reue.	Il éprouvait un grand regret.
Er hatte wegen ... ein schlechtes Gewissen / Gewissensbisse.	Il avait mauvaise conscience / des remords à cause de ...
Es tut jemandem (sehr) leid.	Quelqu'un est (grandement) désolé(e).
Sie schämte sich schrecklich, dass ihr so etwas passieren konnte	Elle avait terriblement honte qu'une telle chose ait pu lui arriver.

Antipathie
Antipathie

die (gegenseitige) Abneigung / Antipathie	l'aversion (réciproque) / l'antipathie
Er mag ihn nicht / lehnt ihn ab / hasst ihn / verabscheut ihn.	Il ne l'aime pas / le rejette / le hait / le déteste.
Sie hegt eine heftige / tiefe Abneigung gegen ihn.	Elle éprouve une vive / profonde aversion pour lui.

Die beiden können sich nicht leiden / ausstehen / riechen.	Ces deux-là ne peuvent pas se souffrir / se supporter / se sentir.
Zwischen den beiden Parteien herrschte dicke Luft.	Entre les deux parties, il y avait de l'orage dans l'air.
Sie waren sich spinnefeind.	Ils ne pouvaient pas s'encadrer.
Die Chemie zwischen ihnen stimmte nicht.	Ils n'avaient pas d'atomes crochus.
Sie wurde wegen ... heftig angefeindet.	On lui a manifesté une violente hostilité à cause de ...
Sie sind verfeindet / zerstritten.	Ils sont brouillés / fâchés.
Sie haben sich entzweit / verstritten.	Ils se sont brouillés / fâchés.
Er wirkt unsympathisch / unecht.	Il a l'air antipathique / faux.
Er begegnete ihr mit großem Misstrauen.	Il l'a accueillie avec une grande méfiance.

Überraschung
Surprise

überrascht / verblüfft sein	être surpris(e) / stupéfait(e)
verwundert / erstaunt sein	être étonné(e)
angenehm / unangenehm überrascht sein	être agréablement / désagréablement surpris(e)
konsterniert / verwirrt / fassungslos / perplex / befremdet / geschockt sein	être consterné(e) / déconcerté(e) / stupéfait(e) / perplexe / irrité(e) / choqué(e)
Es überraschte ihn sehr zu erfahren, dass ...	Il a été très étonné d'apprendre que ...
Die Überraschung / Verblüffung war groß.	La surprise / stupéfaction était grande.
Sie fiel aus allen Wolken.	Elle est tombée des nues.
Sie teilte es ihm aus heiterem Himmel mit.	Elle le lui a annoncé tout d'un coup.
Die Nachricht schlug ein wie eine Bombe.	La nouvelle a fait l'effet d'une bombe.
Damit hatte er gar nicht gerechnet.	Il n'avait pas du tout prévu ça.
Er war sprachlos vor Erstaunen.	Il est resté muet de stupéfaction.
Er konnte es einfach nicht fassen.	Il n'arrivait simplement pas à le croire.
Der Schrecken war groß.	La frayeur était grande.

Erleichterung
Soulagement

erleichtert / befreit / entlastet sein	être soulagé(e)
Sie konnten wieder aufatmen / durchatmen.	Ils pouvaient respirer à nouveau.
Ihr fiel ein Stein vom Herzen.	Ça lui ôtait un grand poids.
Er war heilfroh, dass alles vorbei war.	Il était très heureux que tout soit fini.
Er fand die erlösenden Worte.	Il trouva les mots libérateurs.

Enttäuschung
Déception

enttäuscht / mutlos / unzufrieden / frustriert sein	être déçu(e) / découragé(e) / mécontent(e) / frustré(e)
Er war schwer enttäuscht, dass ...	Il était extrêmement déçu que ...
Sie war bestürzt / erschrocken / desillusioniert.	Elle était bouleversée / effrayée / désillusionnée.
Die Enttäuschung war groß.	La déception était grande.
Die Nachricht war ernüchternd.	La nouvelle a fait l'effet d'une douche froide.
Er verspürte nichts als Frustration / Desillusionierung.	Il n'éprouvait que de la frustration / désillusion.
Die Veranstaltung war für alle eine Enttäuschung / blieb hinter den Erwartungen zurück.	La manifestation a été une déception pour tous / n'a pas atteint le succès espéré.
Sie hätten sich etwas Anderes gewünscht.	Ils auraient souhaité autre chose.
Ihre Hoffnungen hatten sich zerschlagen.	Leurs / Ses espoirs étaient tombés à l'eau.
Seine Erwartungen haben sich nicht erfüllt.	Ses espérances ne se sont pas réalisées.
Ihre Bemühungen waren erfolglos.	Leurs / Ses efforts ont été vains.

Hoffnung
Espoir

Sie hofft sehr, dass ...	Elle espère bien que ...
sich etwas erhoffen / wünschen / erträumen	espérer / souhaiter quelque chose / rêver de quelque chose
sich etwas versprechen / erwarten	attendre quelque chose
optimistisch / zuversichtlich / hoffnungsvoll sein	être optimiste / confiant(e) / plein(e) d'espoir
Sie setzt große Hoffnungen in ...	Elle fonde de grands espoirs en ...
Sie gab die Hoffnung nicht auf, dass ...	Elle n'a jamais perdu l'espoir que ...
Er blickte mit Zuversicht in die Zukunft.	Il était confiant dans l'avenir.
Sie hegte große Erwartungen.	Elle nourrissait de grands espoirs.
Er hatte nicht zu hoffen gewagt, dass ...	Il n'avait pas osé espérer que ...

Angst / Befürchtung
Peur / Crainte

Sie hat Angst, dass ...	Elle a peur que ...
Er hat das ungute Gefühl, dass ...	Il a le pressentiment que ...
Er macht sich Sorgen, dass ...	Cela le préoccupe que ...
... macht ihm Angst / beängstigt ihn.	... lui fait peur / l'inquiète
Er fürchtet sich / hat Angst vor ...	Il craint ... / Il a peur de ...
beunruhigt / ängstlich / verstört / entsetzt sein	être inquiet(-ète) / inquiet(-ète) / bouleversé(e) / horrifié(e)
Seine größte Angst ist ...	Sa plus grande peur est ...
Plötzlich erfasste sie eine große Angst / Furcht.	Soudain, une grande peur s'est emparée d'elle.
Er wurde von Panik erfasst.	Il a été pris de panique.
... erfüllt ihn mit Schrecken.	... le remplit d'effroi.
Sie litt unter Todesängsten / einer Phobie.	Elle était tourmentée par l'angoisse de la mort / Elle souffrait d'une phobie.
Er malte ein Horrorszenario aus.	Il décrivait un scénario d'horreur.
Sie war vor Angst / Schreck wie gelähmt.	Elle était comme paralysée de peur.
Die Nachrichten waren beunruhigend / besorgniserregend.	Les nouvelles étaient inquiétantes.
Die Bilder waren beängstigend / verstörend.	Les images étaient inquiétantes / bouleversantes.

Unzufriedenheit
Mécontentement

Er ist mit ... unzufrieden / nicht zufrieden.	Il est mécontent de ...
Sie ist von / über ... enttäuscht.	Elle est déçue de ...
Sie ist mit / von ... frustriert.	Elle est frustrée de ...
Er ist zutiefst unzufrieden / desillusioniert / frustriert.	Il est mécontent / désillusionné / frustré au plus haut point.
Es fällt vielen schwer, mit den Frustrationen des Alltags fertig zu werden.	Pour beaucoup, il est difficile de venir à bout des frustrations du quotidien.
Mit diesen Ergebnissen kann man nicht zufrieden sein.	On ne peut pas être satisfait de ces résultats.
Es entsprach nicht seinen Erwartungen.	Cela n'était pas conforme à ses espérances.
Sie hatte erwartet, dass er sich mehr Mühe geben würde.	Elle s'attendait à ce qu'il fasse plus d'efforts.

Schmerz
Douleur

körperliche / seelische Schmerzen	des douleurs physiques / morales
Es bereitete ihn / verursachte ihm große Schmerzen.	Cela lui causait de fortes douleurs.
Es schmerzte sie / tat ihr weh, dass ...	Cela l'affectait / lui faisait de la peine que ...
mit schmerzverzerrtem Gesicht	le visage ravagé de douleur
Sie schrie vor Schmerzen.	Elle criait de douleur.
Das Knie tat ihr weh / bereitete ihr Schmerzen.	Le genou lui faisait mal / lui causait des douleurs.
Die Scheidung war sehr schmerzlich für beide.	Le divorce a été très douloureux pour tous les deux.
Er litt sehr unter ...	Il souffrait beaucoup de ...
Er litt Höllenqualen / unter großen Schmerzen.	Il souffrait le martyre / il avait de fortes douleurs.
Das verschlimmerte sein Leiden noch.	Cela a aggravé ses souffrances.
Er hatte endgültig die Schmerzgrenze erreicht.	Il avait définitivement atteint la limite du supportable.
Ihr Verhalten hat ihn (tief) gekränkt / verletzt.	Son attitude l'a (profondément) blessé.
Die Bemerkung traf ihn schwer / schmerzte ihn.	Cette remarque l'a profondément affecté / lui a fait de la peine.

Verärgerung
Irritation / Agacement

Sie ärgerte sich (sehr / maßlos), dass ... / über ...	Elle était (très / excessivement) irritée que ... / de ...
Es ärgerte / empörte ihn.	Cela l'a énervé / indigné.
ärgerlich / verärgert / gereizt / genervt / empört sein	être irrité(e) / fâché(e) / agacé(e) / énervé(e) / indigné(e)
erzürnt / wütend sein	être en colère / furieux(-euse)
Der Fehler bereitete ihm großen Ärger.	L'erreur lui a causé de gros ennuis.
Er machte sie jedesmal wütend.	Chaque fois, il la mettait en colère.
Er schaffte es regelmäßig, seine Kollegen gegen sich aufzubringen.	Il réussissait régulièrement à monter ses collègues contre lui / à se mettre ses collègues à dos.
Sie ließ ihren Ärger an ihm aus.	Elle a passé sa colère sur lui.
Er hat einen großen Zorn auf ...	Il est très en colère contre ...
Ihr Zorn kannte keine Grenzen.	Sa colère n'avait pas de limite.
Sie schäumte / kochte vor Wut.	Elle écumait de rage / bouillait de colère.
Er war blass vor Wut / Zorn.	Il était blême de colère / de rage.
Die Bemerkung trieb sie zur Weißglut / versetzte sie in Rage.	La remarque l'a fait sortir de ses gonds / l'a mise en rage.
Er bekam einen Wutanfall / Trotzanfall.	Il a piqué sa crise / Il a fait un caprice.
Er ist cholerisch / ein Choleriker.	Il est colérique. / C'est un colérique.

Ungeduld
Impatience

ungeduldig / hektisch / nervös / aufgeregt / angespannt / unruhig sein	être impatient(e) / fébrile / nerveux(-euse) / excité(e) / tendu(e) / agité(e)
Sie wird schnell ungeduldig.	Elle s'impatiente très vite.
Er reagierte gereizt.	Il a réagi avec agacement.
Seine Geduld wurde arg strapaziert.	Sa patience a été mise à rude épreuve.
... war für sie eine Geduldsprobe.	... a mis sa patience à rude épreuve.
Das stellte seine Geduld auf eine schwere Probe.	Cela a mis sa patience à rude épreuve.

Er wollte sie nicht länger auf die Folter spannen.	Il ne voulait pas la faire languir plus longtemps.
Die Spannung wuchs ins Unerträgliche.	La tension devint insupportable.
Sie wartete aufgeregt / fieberhaft / ungeduldig / sehnsüchtig auf ...	Elle attendait nerveusement / fébrilement / impatiemment / ardemment ...
Sie wartete gespannt auf ...	Elle attendait, tendue, ...
Sie fragte sich, wie lange es noch dauern würde.	Elle se demandait combien de temps cela durerait encore.
Die Vorfreude auf ... war groß.	La joie à la perspective de ... était grande.
Er konnte es kaum erwarten, bis ...	Il brûlait d'impatience de ...
Es schien ewig zu dauern, bis ...	Cela semblait durer une éternité jusqu'à ... / jusqu'à ce que ...

Ratlosigkeit
Perplexité

ratlos / hilflos / unentschlossen / verwirrt / machtlos sein	être perplexe / désemparé(e) / indécis(e) / embrouillé(e) dans son esprit / impuissant(e)
Sie wussten	Ils ne savaient
einfach nicht, was sie tun sollten.	tout simplement pas ce qu'ils devaient faire.
nicht mehr weiter / nicht mehr ein noch aus.	plus quoi faire.
Sie wussten sich keinen Rat mehr.	Ils ne voyaient plus d'autre issue / solution.
Er war unfähig, eine Entscheidung zu treffen.	Il était incapable de prendre une décision.
Sie stand den Vorgängen ratlos gegenüber.	Elle était complètement désemparée devant les événements.
Hilflos / Machtlos sah er zu, wie ...	Il regardait, désemparé, / impuissant, ...
Sie war (völlig) verunsichert.	Elle était (complètement) ébranlée.
Da ist guter Rat teuer.	Je ne vois pas comment faire.
Das ist eine verfahrene Situation / eine Sackgasse.	C'est une situation sans issue / une impasse.
Sie waren dem Ganzen hilflos / ohnmächtig ausgeliefert.	Ils étaient sans défense / impuissants face à tout cela.

Formelle Briefe schreiben

Adresse des Absenders
Ihre eigene Adresse gehört ganz nach oben links, am besten mit Telefonnummer und E-Mail-Adresse.

Adresse des Empfängers
Die Adresse des Empfängers steht auf der rechten Seite, jedoch ohne den Zusatz von Telefonnummer und E-Mail-Adresse. Das Deutsche *z. H.* (zu Händen) wird entweder weggelassen oder durch *À l'attention de* ersetzt.

Datum
Das Datum steht rechts unterhalb der Empfängeradresse. Es wird mit *le* eingeführt. Für den Monatsersten die Ordinalzahl 1er verwenden, ansonsten die Kardinalzahlen (2, 3, 4, ...). Schreiben Sie den Monat aus:

le 12 septembre 2011.

Betreff
Die Betreffzeile beschreibt das Thema des Briefes. Sie wird fett gedruckt und beginnt mit dem Begriff *Objet:* Die Betreffzeile steht zwischen der Absenderadresse und der Anrede.

Anrede
Beachten Sie Folgendes: Die Anrede darf nie gekürzt werden. Erwähnen Sie den Namen nicht in der Anrede. Nach der Anrede steht immer ein Komma. Ausführlichere Angaben zur Anrede finden Sie auf der gegenüberliegenden Seite.

Verabschiedung
Ausführliche Angaben zur abschließenden Grußformel finden Sie auf der gegenüberliegenden Seite.

Unterschrift
Setzen Sie Ihre handschriftliche Unterschrift rechtsbündig unter die Grußformel.

Allgemeine Anmerkungen zu Form, Stil und Inhalt

- Fügen Sie zwischen den einzelnen Teilen eines Briefes (eigener Adresse, Adresse des Adressaten, Datum, Betreff, Anrede, Brief und Verabschiedung) Leerzeilen ein, um dem Brief eine übersichtliche Gliederung zu geben.
- Legen Sie im ersten Abschnitt den Grund Ihres Briefes dar. Führen Sie dies im Hauptteil genauer aus. Halten Sie sich kurz: Formelle Briefe im Französischen sind meistens nicht sehr lang. Erläutern Sie im letzten Absatz, welche Reaktion Sie vom Adressaten erwarten (Broschüre schicken, Geld zurückerstatten o. Ä.).
- Formulieren Sie in einer schlichten Sprache. Drücken Sie sich klar und eindeutig aus. Vermeiden Sie Slang und Jargon.
- Das erste Wort im ersten Satz eines Briefes wird – im Gegensatz zum Deutschen – immer großgeschrieben.
- Bedrucken Sie das Papier nur einseitig und verwenden Sie hochwertiges Briefpapier.

Die Anrede am Briefanfang

Sie schreiben:

Freunden oder guten Bekannten

Mon cher Louis,	*Ma chère Caroline,*
Bien chers tous,	

einer Person oder mehreren Personen, die Sie (sehr) gut kennen

Cher collègue, / Chère collègue,	*Chers collègues,*
Chers amis,	*Chère Chantal,*

einer Person, die Sie persönlich kennen oder mit der Sie oft zu tun haben

Madame,	*Monsieur,*
Cher Monsieur, / Chère Madame,	

einer Person, von der Sie weder Namen noch Geschlecht kennen, oder einer Firma

Madame, Monsieur,	*Messieurs,*
Mesdames, Messieurs,	

einer Person, deren Titel oder Berufsbezeichnung Ihnen bekannt ist

Madame la Présidente,	*Monsieur le Président,*
Madame la Directrice,	*Monsieur le Directeur,*
(einem Rechtsanwalt oder einer Rechtanwältin:)	*Maître,*
(einem Arzt oder einer Ärztin:)	*Docteur,*
(einem Personalleiter oder einer Personalleiterin:)	*Monsieur / Madame le Chef du Personnel,*

Die Grußformel am Briefende

Sie schreiben:

engen Freunden, Verwandten

Affectueuses pensées.	*Bons baisers. / Grosses bises.*
Je t'embrasse bien fort / de tout cœur.	*Je t'embrasse affectueusement.*

einer Person oder mehreren Personen, die Sie (sehr) gut kennen

Soyez assuré(e) de ma sincère amitié.	*Sincèrement à toi.*
(Avec) toutes mes amitiés.	*Amicalement*
Avec mon amical souvenir.	*Bien à vous.*

einer Person, die Sie persönlich kennen oder mit der Sie oft zu tun haben

Sincères salutations.	*Veuillez agréer nos meilleurs sentiments.*
Salutations distinguées.	*Amicalement vôtre*
Bien cordialement / sincèrement.	

einer Person, von der Sie weder Namen noch Geschlecht kennen, oder einer Firma

Nous vous prions de croire, Madame / Monsieur, à l'assurance de nos sentiments distingués.

Nous vous prions d'agréer, Madame / Monsieur, l'expression de nos sentiments distingués.

(Anmerkung: Eine Frau sollte vermeiden, einem Mann « sentiments » zu schreiben.)

Nous vous prions d'agréer / recevoir, Madame / Monsieur, nos salutations distinguées.

Veuillez agréer, Madame / Monsieur, nos salutations distinguées.

einer Person, deren Titel oder Berufsbezeichnung Ihnen bekannt ist, in sehr respektvoller Weise

Je vous prie d'agréer, Madame / Monsieur, l'assurance de ma haute / respectueuse considération.

Nous vous prions de croire, Madame / Monsieur, à l'expression de nos sentiments respectueux / les plus dévoués.

Formelle E-Mails schreiben

E-Mails sind in der Regel etwas weniger förmlich als Briefe, doch gelten - bis auf wenige Ausnahmen - die allgemeinen Stilregeln für formelle Briefe auch für E-Mails.

E-Mail Adresse

Legen Sie sich eine E-Mail-Adresse an, die Ihren Vor- und Nachnamen enthält. Eine E-Mail-Adresse mit einem Spitznamen ist für den offiziellen E-Mail-Verkehr unangebracht und wirkt unseriös.

Betreff

Die Betreffzeile benennt das Thema der E-Mail. Geben Sie immer einen passenden Text in die Betreffzeile ein, damit der Empfänger weiß, worum es in der E-Mail geht.

Unterschrift

Schreiben Sie in die Zeile unter die Grußformel Ihren Namen. Durch eine Leerzeile abgetrennt können Sie noch weitere Angaben hinzufügen, z. B. Ihre Adresse, Telefonnummer und Website.

Allgemeine Anmerkungen zu Stil und Inhalt

- Formelle E-Mails sollten den Stilregeln für formelle Briefe folgen.
- Bevor Sie die E-Mail abschicken, überprüfen Sie den Text per Rechtschreibprüfung auf Fehler.
- Stellen Sie sicher, dass ein klarer Betreff formuliert ist.
- Schauen Sie nach, ob Anlagen, auf die im E-Mail-Text verwiesen wird, auch tatsächlich angefügt sind.

Post an Freunde, Verwandte und Bekannte

Egal, ob E-Mail, langer Brief auf edlem Papier oder kürzere Postkarte - Freunden und Verwandten schreibt man anders als Fremden. Deshalb fallen die meisten Angaben der förmlichen Korrespondenz weg. Die eigene Adresse und die des Adressaten stehen nur auf dem Umschlag. Das Datum können Sie einfügen, wenn Sie möchten. Die Anrede ist *Cher / Chère* plus Vorname. Im Gegensatz zum Deutschen wird das erste Wort des Haupttextes großgeschrieben. Einen klassischen Brief auf Papier verfassen Sie am besten handschriftlich.

Einleitende Worte
Mots d'introduction

Vielen Dank für Ihren / deinen Brief.	Merci beaucoup pour votre / ta lettre.
Ich habe mich sehr über Ihren / deinen Brief gefreut.	Votre / ta lettre m'a fait très plaisir.
Über Ihre Rückantwort habe ich mich sehr gefreut.	Votre réponse m'a fait très plaisir.
Es war schön, mal wieder von dir zu hören.	J'ai été content(e) d'avoir de tes nouvelles.
Ich komme leider erst jetzt dazu, Ihnen / dir zu schreiben.	Malheureusement, c'est seulement maintenant que je trouve le temps de vous / te répondre.
Es tut mir leid, dass ich Ihnen / dir erst jetzt schreibe.	Je suis désolé(e) de vous / de t'écrire seulement maintenant.
Ich wollte dir schon ewig schreiben, aber du weißt ja, wie es ist!	Je voulais t'écrire depuis longtemps mais tu sais comment c'est !
Es tut mir leid, dass ich mich so lange nicht gemeldet habe.	Je suis désolé(e) de ne pas m'être manifesté(e) depuis si longtemps.
Jetzt haben wir schon ewig nichts voneinander gehört.	Cela fait une éternité qu'on s'est parlé / qu'on s'est donné de nos nouvelles.
Ich hoffe, es geht Ihnen / dir gut.	J'espère que vous allez / tu vas bien.
Wie geht es dir denn so?	Et toi, comment vas-tu / ça va ?
Was macht deine Familie / die Arbeit / die Liebe?	Comment va ta famille / ton travail / vont tes amours ?
Hier ist alles beim Alten / wie immer.	Ici, les choses n'ont pas changé / c'est toujours pareil.
Stell dir vor, ...! / Hast du schon gehört, dass ...	Tu te rends compte, ... ! / Sais-tu que ...

Spezielle Anlässe
Occasions particulières

Herzlichen Glückwunsch zum Geburtstag / zum Führerschein / zum bestandenen Abitur / zur neuen Wohnung.	Joyeux anniversaire / Félicitations pour ton / votre permis de conduire / pour ton / votre bac / pour ton / votre nouvel appartement.
Ich wünsche dir alles Liebe zum Geburtstag!	Je te souhaite un joyeux / bon anniversaire.
Alles Gute zum neuen Lebensjahr / zum Hochzeitstag.	Tous mes / nos meilleurs vœux pour cet anniversaire / pour votre anniversaire de mariage.
Zu eurer Silberhochzeit / dem neuen Erdenbürger wünsche ich euch / Ihnen alles Gute.	Tous mes meilleurs vœux à l'occasion de vos noces d'argent / du nouveau-né.
Zu der neuen Stelle wünsche ich dir / Ihnen alles Gute.	Toutes mes félicitations pour ton / votre nouveau travail.
Ich war erfreut zu hören, dass ...	J'ai été très heureux(-euse) d'apprendre que ...
Ich habe mich sehr gefreut / finde es super, dass ...	J'ai été très content(e) / je trouve super que ...
Es tut mir leid, dass du den Führerschein nicht bestanden hast.	Je suis désolé(e) que tu n'aies pas réussi ton permis (de conduire).
Mit großem Bedauern ...	C'est avec grand regret que ... À mon / ton / ... / grand regret ...
In aufrichtiger Anteilnahme ...	Avec ma / notre profonde sympathie ...
Ich möchte Ihnen / dir mein herzliches Beileid ausdrücken.	Je vous / te présente mes très sincères condoléances.
Frohe Ostern! / Ein frohes Neues Jahr!	Joyeuses Pâques ! / Bonne année !
Fröhliche / Frohe / Gesegnete Weihnachten!	Joyeux Noël !

Schlusssatz
Formule de fin de lettre

Ich hoffe, bald von dir / Ihnen zu hören.	J'espère avoir bientôt de tes / vos nouvelles.
Über eine Antwort von dir / Ihnen würde ich mich sehr freuen.	Je serais très heureux(-euse) de recevoir une réponse de ta / votre part.
Vergiss nicht, mir zu schreiben!	N'oublie pas de m'écrire !

So, das war's von mir. Was gibt es bei dir Neues?	Voilà, c'est tout en ce qui me concerne. Et toi, quoi de neuf ?
Ich muss jetzt zum Ende kommen, weil ...	Je dois m'arrêter maintenant parce que ...
Jetzt bist du wieder auf dem neuesten Stand / auf dem Laufenden.	Voilà maintenant, tu es au courant des dernières nouvelles.
Alles Weitere in einer Woche!	La suite dans une semaine !
Ich denke an dich und wünsche dir alles Gute.	Je pense à toi et je te souhaite une bonne continuation.
Ich vermisse dich ganz arg und freue mich, dass wir uns bald wiedersehen!	Tu me manques énormément et je suis très content(e) de te revoir bientôt !
Es wäre schön, wenn wir uns bald einmal wiedersehen könnten.	Ce serait vraiment bien si on pouvait se revoir bientôt.
Alles Liebe und pass auf dich auf.	Affectueuses pensées et sois prudent(e).
Mach's gut und bis bald / dann.	Salut et à bientôt / à tout à l'heure.
Bis ganz bald!	À très bientôt !

Bewerben in Frankreich

Das **Bewerbungsschreiben** und der **tabellarische Lebenslauf** sind der wichtigste Teil für eine Bewerbung in Frankreich. Egal ob schriftlich, online, per E-Mail oder per Telefon sollte Ihre Bewerbung möglichst professionell sein. Dazu gehört, dass das Bewerbungsschreiben und Ihr Lebenslauf in englischer Sprache verfasst sind. Da Sie Ihrem zukünftigen Arbeitgeber schon im Vorfeld einen guten Eindruck Ihrer Sprachkenntnisse vermitteln möchten, sollten Sie unbedingt darauf achten, dass die Unterlagen sprachlich korrekt sind. Daher sollten Sie diese vor dem Absenden unbedingt von einem Muttersprachler überprüfen lassen.
Das Layout entspricht den allgemeinen Regeln für das förmliche Schreiben (siehe Infokästen *Formelle Briefe schreiben* und *Formelle E-Mails schreiben* auf den Seiten 74 / 76).
Arbeitszeugnisse oder Bescheinigungen über Praktika sind in Frankreich nicht üblich und werden daher bei den Bewerbungsunterlagen auch nicht erwartet. Auch **Universitäts- und Weiterbildungszeugnisse** werden der Bewerbung nicht beigefügt.
Besonders gern werden heutzutage in Frankreich Online - Bewerbungen gesehen, die nicht zu ausführlich sind und auf irrelevante Informationen verzichten.

Das Bewerbungsschreiben sollte relativ kurz gehalten sein. Erklären Sie kurz, warum Sie sich bewerben und warum Sie für den Job der Richtige sind.
Das Bewerbungsschreiben sollte folgende Informationen enthalten:

Bezugnahme auf das Stellenangebot
- Wo und wie haben Sie von dem Job erfahren (Internet, Tageszeitung, Empfehlung)?

Informationen über den Bewerber
- Welche persönlichen Daten sind im Hinblick auf die Bewerbung wichtig? Umschreiben Sie Ihre aktuelle (berufliche) Situation. Was machen Sie momentan?

Begründung für die Bewerbung
- Warum möchten Sie diesen Job haben? Warum sind Sie dafür geeignet? Belegen Sie Ihre persönlichen und fachlichen Fähigkeiten.

Schluss
- Unterstreichen Sie Ihr Interesse am Angebot. Sagen Sie, dass Sie sich auf die Antwort und ein persönliches Gespräch freuen.

Verwenden Sie folgende Anrede- und Schlussformeln:

Anrede
Madame, Monsieur, *Mesdames, Messieurs,* *Madame / Monsieur le Chef du Personnel*

Schlussformel
Veuillez agréer, Madame, Monsieur, mes salutations distinguées.
Je vous prie d'agréer / recevoir, Madame, Monsieur, mes salutations distinguées.
Je vous prie de croire, Madame, Monsieur, à l'assurance de mes sentiments distinguées.

Musterbewerbung

Michael Müller
Schulstr. 14
85011 Ingolstadt
Allemagne

Tel.: +49 841 123456
E-Mail: michael.mueller@xyz.de

Peugeot Automobile
12, rue de l'auto
75432 Paris

Ingolstadt, le 12 septembre 2011

Objet: lettre de candidature pour une place de stagiaire

Madame, Monsieur,

Par la présente je voudrais poser ma candidature à une place de stagiaire dans votre usine de Paris.

Je suis en terminale au lycée Schiller de Ingolstadt avec français et mathématiques en options renforcées. Après le baccalauréat, je voudrais étudier la construction mécanique.

Je désire employer les prochaines grandes vacances (du 20 juillet au 30 août) à approfondir mes connaissances en français et en même temps découvrir le monde du travail.

En cas de réponse positive de votre part, je serais très heureux si vous pouviez m'aider dans la recherche d'un logement.

Veuillez trouver ci-joint mon CV.

Je vous remercie d'avance de bien vouloir considérer ma demande avec bienveillance.

Veuillez agréer, Madame, Monsieur, mes salutations distinguées.

Michael Müller

Einen Lebenslauf schreiben

Worauf achten rund 90 Prozent aller Chefs bei einer Bewerbung? Auf den Lebenslauf! Die tabellarische Übersicht Ihres Werdegangs stellt die entscheidende Weiche zur Einladung für ein Vorstellungsgespräch. Dabei geht es um Werbung für sich selbst. Stellen Sie daher Ihre Stärken und Fähigkeiten für die betreffende Stellenausschreibung optimal hervor.

Der französische Lebenslauf ist kurz - maximal zwei Seiten lang. Ein Bewerbungsfoto wird üblicherweise nicht hinzugefügt. Bedenken Sie, dass für jede Bewerbung ein neuer Lebenslauf angefertigt wird. Nur so können Sie am besten auf die jeweilige Ausschreibung eingehen.

Ein Lebenslauf besteht aus den folgenden Abschnitten:
L'en-tête de lettre: Der Briefkopf
Geben Sie Ihre komplette Anschrift mit Telefonnummer und E-Mail-Adresse an.

Informations personnelles: Persönliche Informationen
Dieser Abschnitt enthält: Geburtsdatum, Geburtsort, Staatsangehörigkeit und Familienstand.

Formation: Schulischer und beruflicher Werdegang
Geben Sie in umgekehrter chronologischer Reihenfolge die Stationen Ihrer Schulbildung und Ausbildungszeiten an. Erwähnen Sie die Art des jeweiligen Abschlusses sowie das Jahr des Erwerbs. Praktika gehören auch unter diesen Punkt.

Expérience professionnelle: Berufliche Erfahrung
Listen Sie in umgekehrter chronologischer Reihenfolge Ihre Berufserfahrung auf. Benennen Sie die Zeitdauer und den Ort der Beschäftigung. Verfügen Sie über langjährige Berufserfahrung setzen Sie diesen Punkt vor Formation.

Divers: Zusatzqualifikationen und persönliche Interessen
Tragen Sie unter diesem Punkt relevante Qualifikationen, wie Fremdsprachenkenntnisse, Computerkenntnisse o. Ä. ein. Verwenden Sie bei den Qualifikationen nur Stichwörter. Konkretisieren Sie Ihre Fremdsprachenkenntnisse über den Europäischen Referenzrahmen. Beschränken Sie sich bei den persönlichen Interessen auf solche, die den Eindruck eines positiven und aktiven Menschen hinterlassen. Einzelsportarten, Computerspiele oder Lesen sind eher ungeeignet.

Musterlebenslauf

Michael Müller
Schulstr. 14
85011 Ingolstadt
Allemagne

Tel.: +49 841 123456
E-Mail: michael.mueller@xyz.de

Né	le 02.03.1994 à Ingolstadt
Nationalité	allemande
Situation familiale	célibataire

Formation

2004-présent	lycée à Ingolstadt (baccalauréat prévu pour mai 2012)
2000-2004	école primaire à Ingolstadt

Expérience professionnelle

juin-août 2010	moniteur dans une colonie de vacances aux États-Unis

Divers

Langues	allemand, langue maternelle anglais et français, parlés et écrits couramment

Connaissances en informatique Windows XP Home, MS Word, UNIX, langages de programmation C, C++

Intérêt pour les langues étrangères et le sport automobile

Sich auf eine Annonce beziehen
Se référer à une annonce

Mit großem Interesse habe ich die Stellenanzeige für ... in der gestrigen Ausgabe der ... gelesen.	C'est avec grand intérêt que j'ai pris connaissance de votre offre d'emploi parue hier dans ...
Mit großem Interesse habe ich Ihrer Anzeige der heutigen Ausgabe der ... entnommen, dass Sie eine(n) ... suchen.	J'ai lu avec grand intérêt dans votre annonce parue aujourd'hui dans ... que vous cherchiez un ...
Ich beziehe mich auf die Anzeige in ... und möchte mich um die ausgeschriebene Stelle als ... bewerben.	Suite à votre annonce dans ..., je souhaite postuler pour le poste de ... que vous proposez au sein de votre entreprise.
Ich möchte mich auf die Stelle des ... bewerben.	Je souhaite poser ma candidature pour le poste de ...
Mit Interesse habe ich erfahren, dass Ihre Firma zurzeit ... sucht / einstellen möchte.	C'est avec intérêt que j'ai appris que votre entreprise recherchait / recrutait actuellement ...
Von *[Name]* habe ich erfahren, dass in Ihrer Firma demnächst die Stelle einer / eines ... frei wird.	J'ai appris par *[Nom]* que le poste de ... serait prochainement vacant.

Sich um eine Lehrstelle bewerben
Poser sa candidature pour une place en apprentissage

Ich plane derzeit meinen weiteren Ausbildungsweg für die Zeit nach dem Abitur im kommenden Sommer.	Je planifie en ce moment mon parcours après le bac à partir de l'été prochain.
Ich strebe eine Ausbildung zum / zur ... an.	Je suis à la recherche d'une formation comme ...
Es sind vor allem meine überdurchschnittlichen Leistungen in ..., die mich zu einer erfolgreichen Ausbildung befähigen.	En raison de mes résultats supérieurs à la moyenne, je suis convaincu(e) de pouvoir réussir ma formation professionnelle.
Durch Ihre Anzeige im ... habe ich erfahren, dass Sie mehrere Auszubildende suchen.	En lisant votre annonce, j'ai appris que vous recherchiez plusieurs apprentis.
Hiermit bewerbe ich mich um einen Ausbildungsplatz zum / zur ...	Je sollicite une place en apprentissage comme ...

Mein Abitur werde ich im Juni nächsten Jahres mit gutem Erfolg abschließen.	Je serai titulaire du bac au mois de juin de l'année prochaine.
Zurzeit besuche ich die ...-Schule in ..., die ich im Juni diesen Jahres mit dem Abitur verlassen werde.	Je suis actuellement au lycée ... à ... où je passerai le bac cette année au mois de juin.
Meine berufliche Ausbildung würde ich am liebsten bei Ihnen absolvieren.	Je serais très heureux(-euse) d'effectuer ma formation professionnelle dans votre entreprise.

Eine Blindbewerbung schicken
Envoyer une candidature spontanée

Hiermit möchte ich mich bei Ihnen (für eine Stelle) als ... bewerben.	Je souhaite poser ma candidature pour un poste de ... dans votre entreprise.
Ich möchte mich bei Ihnen initiativ als ... bewerben.	J'ai l'honneur de poser ma candidature spontanée pour le poste de ... dans votre entreprise.
Ich bin an einer Tätigkeit als ... interessiert und wüsste gerne, ob bei Ihnen eine Stelle frei ist.	Très intéressé(e) par un emploi de ..., je souhaiterais savoir si un tel poste était vacant dans votre entreprise.
Ich suche eine Stelle auf dem Gebiet / im Bereich ...	Je suis à la recherche d'un emploi dans le domaine / dans le secteur de ...
Suchen Sie aktuell oder demnächst einen Mitarbeiter für den ... Bereich?	Seriez-vous actuellement ou dans un proche avenir à la recherche d'un collaborateur dans le domaine de ... ?

Angaben zur eigenen Person machen
Donner des informations sur sa personne

Ich habe kürzlich eine zweijährige Ausbildung zur / zum ... erfolgreich abgeschlossen.	Je viens de terminer avec succès ma formation de deux ans comme ...
Ich bin ... Jahre alt.	J'ai ... ans.
... habe ich als Aupair / als Freizeitbetreuer(in) in einem Sommercamp für Kinder in den USA gearbeitet.	..., j'ai travaillé au pair / comme moniteur(-trice) dans une colonie de vacances aux Etats-Unis.
Ich gebe Nachhilfe-Unterricht in den Fächern ...	Je donne des cours de soutien en ...

Ich arbeite derzeit als ...	Je travaille actuellement comme ...
Meine derzeitigen Aufgaben umfassen ...	Mes tâches actuelles consistent à ...
Ich bin / war für ... verantwortlich.	Je suis / J'étais responsable de ...
Ich spreche fließend ...	Je parle couramment ....
Ich verfüge über gute Englischkenntnisse in Wort und Schrift.	J'ai de bonnes connaissances en anglais parlé et écrit.
Ich habe gute Kenntnisse in MS Office / Physik / der grafischen Bildbearbeitung.	J'ai de bonnes connaissances dans les programmes MS Office / en physique / dans le traitement d'images.
Das 10. Schuljahr habe ich in Paris / in Frankreich / im Ausland verbracht.	J'ai passé l'année du brevet des collèges à Paris / en France / à l'étranger.
Ich bin	Je suis
kontaktfreudig, kommunikationsstark und teamfähig.	sociable, j'ai un sens aigu de la communication et l'esprit d'équipe.
selbstständig.	autonome.
zuverlässig.	fiable.
gewissenhaft / sorgfältig.	consciencieux(-euse).
Ich besitze eine schnelle Auffassungsgabe und Organisationsgeschick.	J'ai l'esprit vif et des qualités d'organisation.
Zu meinen Stärken zählen Einsatzbereitschaft, Sorgfalt und Verantwortungsbewusstsein.	Mes points forts sont la motivation à l'ouvrage, la rigueur professionnelle et le sens des responsabilités.
... gehören zu meiner Arbeitsweise.	... font partie intégrante de ma façon de travailler.
Teamorientiertes sowie selbständiges Arbeiten und Flexibilität sind für mich selbstverständlich.	Pour moi, travail en équipe, travail autonome et flexibilité vont de pair.

Praktikumserfahrung angeben
Donner son expérience de stages

Ich habe vor kurzem ein dreimonatiges Praktikum in Kanada absolviert.	Je viens de terminer un stage de trois mois au Canada.
Während eines Betriebspraktikums bei der Firma ... konnte ich die verschiedenen Tätigkeiten und anfallenden Aufgaben eines / einer ... kennen lernen.	Au cours de mon stage d'entreprise chez ..., j'ai appris à connaître les différentes activités et les tâches qui incombent à un / une ...

Erste Kenntnisse über ... habe ich mir in einem einjährigen Lehrgang in ... angeeignet.	J'ai acquis mes premières connaissances en ... lors d'un stage d'un an à /en ...
Ich habe Grundwissen in ... erworben.	J'ai acquis les connaissances de base en ...
Während eines Auslandspraktikums konnte ich einen wertvollen Einblick in ... / erste Erfahrungen im Bereich ... gewinnen.	Au cours d'un stage à l'étranger, j'ai pu me faire une idée précise de ... / acquérir une première expérience dans le domaine de ...

Auf seinen Lebenslauf hinweisen
Renvoyer à son curriculum vitæ / CV

In der Anlage finden Sie meinen Lebenslauf mit weiteren Einzelheiten.	Mon CV ci-joint vous fournira les principaux renseignements me concernant.
Bitte beachten Sie meinen Lebenslauf ...	Ci-joint, veuillez trouver mon curriculum vitæ ...
Wie Sie in meinem Lebenslauf lesen können, ...	Comme vous pouvez le lire dans mon mon CV, ...

Interesse bekräftigen
Montrer son vif intérêt

Ich bin sehr daran interessiert, meine Kenntnisse auf dem Gebiet / im Bereich von ... zu vertiefen.	J'aimerais approfondir mes connaissances dans le domaine de ...
Ich bin überzeugt, dass ich die erforderliche Erfahrung und die nötigen Eigenschaften für die Stelle als ... mitbringe.	Je suis convaincu(e) d'avoir l'expérience et les compétences requises pour le poste de ...
Ich glaube für diese Stelle besonders geeignet zu sein / den Anforderungen entsprechen zu können.	Je suis convaincu(e) d'avoir le profil requis pour ce poste / de pouvoir répondre aux exigences de ce poste.
Die praktische Tätigkeit hat mir gezeigt, dass der Bereich ... mir sehr viel Freude bereitet.	Mon expérience pratique m'a montré que le domaine ... m'apportait beaucoup de satisfactions.
Der Beruf des / der ... ist genau der Beruf, den ich mir für die Zukunft vorstelle.	La profession de ... est exactement la profession que j'envisage dans l'avenir.

Schlussformulierungen
Formules de conclusion

Sollte Ihnen meine Bewerbung zusagen, …	En espérant que ma candidature retiendra votre attention, …
Ich würde mich über die Einladung zu einem Vorstellungsgespräch / persönlichen Gespräch freuen.	Je serais très heureux(-euse) de recevoir une convocation à un entretien personnel.
Von meinem Können / meinen Qualifikationen / meiner Eignung werde ich Sie sicher in einem persönlichen Gespräch überzeugen.	Je suis sûr(e) de pouvoir vous convaincre de mes compétences au cours d'un entretien personnel.
Sehr gerne würde ich mich bei Ihnen vorstellen.	Je souhaiterais me présenter au cours d'un entretien personnel.
Wann immer es Ihnen Recht ist, stehe ich für einen Gesprächstermin zur Verfügung.	Je me tiens à votre entière disposition dans l'éventualité d'un entretien.
Ich könnte zum … bei Ihnen anfangen.	Je pourrais être disponible à partir du …
Ich freue mich auf Ihre (baldige) Antwort und verbleibe mit freundlichen Grüßen.	Vous remerciant par avance de votre réponse, je vous prie de recevoir mes salutations distinguées.

Bezug nehmen auf einen Artikel
Se référer à un article

Bezugnehmend auf Ihren Artikel „..." vom 26.11.2008 ...	Suite / Me référant à votre article « ... » du 26/11/2008 ...
Ihr Artikel „..." vom 26.11.2008 ...	Votre article « ... » du 26/11/2008 ...
In Ihrem Artikel „..." vom 26.11.2008 schreiben Sie / schreibt *[Name]* / schreibt Ihr Autor *[Name]* ...	Dans votre article « ... » du 26/11/2008, vous écrivez / *[Nom]* écrit / votre auteur *[Nom]* écrit ...

Zustimmung / Ablehnung ausdrücken
Exprimer son approbation / désaccord

Ich war empört / enttäuscht / erstaunt / erfreut über Ihren Artikel „..." vom 26.11.2008.	J'ai été indigné(e) / déçu(e) / étonné(e) / content(e) en lisant votre article « ... » du 26/11/2008.
Mit großer Empörung / Enttäuschung / Freude las ich Ihren Artikel „..." vom 26.11.2008.	C'est avec une grande indignation / déception / joie que j'ai lu votre article « ... » du 26/11/2008.
Es stimmt einfach nicht, wenn der Autor / die Autorin behauptet, dass ...	Ce que l'auteur affirme, à savoir que ..., n'est pas du tout exact.
Ich schließe mich der Kritik des / der ... an ... an.	Je rejoins la critique du / de la / des ... au sujet de ...
Diese Behauptung ist sachlich unrichtig.	Cette affirmation est objectivement inexacte.
Der Artikel	L'article
ist oberflächlich / sorgfältig recherchiert.	se fonde sur des recherches superficielles / soigneuses.
strotzt vor sachlichen / sprachlichen Fehlern.	déborde d'erreurs grossières / d'erreurs de syntaxe et d'orthographe.
vermittelt ein vielschichtiges / eindrückliches / völlig falsches Bild von ...	donne une image complexe / impressionnante / une image complètement fausse de ...
ist einseitig / unsachlich / manipulativ.	est partial / subjectif / manipulateur.
ist differenziert / objektiv / ausgewogen.	est nuancé / objectif / mesuré.
ist informativ / aufschlussreich / lesenswert / interessant.	est informatif / instructif / intéressant à lire / intéressant.

ist nichtssagend / belanglos / uninteressant / einfallslos.	est creux / insignifiant / inintéressant / manque d'originalité.
vermittelt neue / keine neuen Einsichten.	fait / ne fait pas de nouvelles révélations.
Der Autor / Die Autorin	L'auteur / L'auteure
liefert eine brillante Analyse.	fait / livre une brillante analyse.
zeigt profundes Sachwissen / zeigt sich als Kenner / Kennerin der Materie.	fait preuve de solides connaissances / se montre expert / experte en la matière.
hat gut / schlecht recherchiert.	a bien / mal enquêté.
zeigt sich vorteilsfrei / gut informiert.	est sans idées préconçues / bien informé(e).
verbreitet die üblichen Klischees.	fait circuler les clichés habituels.
verrät einen schlechten Stil, wenn er / sie schreibt ...	fait preuve d'un mauvais style quand il / elle écrit ...
Die Argumentation ist / ist nicht stichhaltig.	L'argumentation est / n'est pas concluante.

Weitere Gedanken anführen
Donner d'autres idées

Besonders gut hat mir gefallen ...	... m'a particulièrement plu.
Ich war besonders erstaunt / empört zu lesen, dass ...	J'ai été particulièrement étonné(e) / indigné(e) de lire que ...
Der Autor / Die Autorin geht sogar noch weiter, indem er / sie ...	L'auteur / L'auteure va même plus loin quand il / elle ...
Im weiteren Verlauf ergeben sich jedoch Widersprüche.	Dans la suite de l'article, on relève toutefois des contradictions.
Des Weiteren führt der Autor / die Autorin aus, dass ...	Par la suite, l'auteur / l'auteure expose / explique que ...
Tatsächlich ... / Ferner ... / Im Gegensatz dazu ...	En réalité, ... / De plus, ... / Contrairement à cela, ...
Ich behaupte sogar, dass ...	J'affirme même que ...
Sofern ich weiß ...	À ce que je sais, ...

Schlussgedanken
Conclusions

Abschließend / Zusammenfassend muss ich sagen ...	En conclusion / En résumé, je dois dire ...
Das ist ein Artikel, den ich von Ihrer Zeitung nicht erwartet habe.	C'est un article que je ne m'attendais pas à lire dans votre journal.
Ihren Artikel habe ich mit großem Gewinn gelesen.	J'ai lu votre article très enrichissant.
Ich werde Ihre Zeitschrift weiterempfehlen.	Je recommanderai votre magazine.
Ich überlege Ihre Zeitung abzubestellen.	Je pense résilier mon abonnement à votre journal.
Ihr Artikel spricht endlich aus, was viele nicht zu sagen wagten.	Votre article exprime enfin ce que beaucoup n'osaient pas dire.
Das ist populistische Meinungsmacherei.	C'est un endoctrinement populiste des masses.

Tipps für einen gelungenen Leserbrief

Für Leserbriefe (franz. *lettres de lecteur*) gelten in vielerlei Hinsicht dieselben Regeln wie für einen formellen Brief (siehe Infokästen *Formelle Briefe schreiben* und *Formelle E-Mails schreiben* auf den Seiten 74 / 76). Allerdings haben Leserbriefe einige Besonderheiten.

Falls Sie den Namen des Herausgebers (franz. *éditeur / éditrice*) einer Zeitung kennen, können Sie ihn oder sie direkt ansprechen. Ansonsten verwenden Sie die Anrede *Madame l'Éditrice / Monsieur l'Éditeur*. Vergessen Sie nicht die Angaben zu Ihrer eigenen Person: Adresse, Land, eventuell Alter und Beruf.

Informieren Sie sich auf der Website der Zeitung, welche Regeln für eine Leserbriefzuschrift gelten. Meistens schreiben die Publikationen eine maximale Wortanzahl vor. Normalerweise sind dies 150 bis 200 Wörter. Nur wenn Sie sich daran halten haben Sie die Chance auf eine Veröffentlichung. Anonyme Zuschriften werden nicht abgedruckt.

Schreiben Sie Ihren Brief so, als ob Sie den Herausgeber der Zeitung und nicht die Leserschaft ansprächen.

Untersuchen Sie im Vorfeld andere Leserbriefe auf ihre Machart: Sind sie eher förmlich oder eher ungezwungen formuliert? Ein Leserbrief an die Zeitung *Le Monde* unterscheidet sich sprachlich von einem Brief an die Zeitschrift *Okapi*.

Beschränken Sie Ihren Brief auf ein einziges Thema. In Frage kommen z. B. die Kritik an einem bestimmten Artikel oder ein Vorschlag zur verbesserten Zeitungsqualität. Dann wird Ihr Text auch nicht zu lang.

Sie können Ihren Brief per Post oder als E-Mail versenden. Jede Zeitung oder Zeitschrift gibt auf Ihrer Website eine Kontaktadresse an. Meist kann man auf der Homepage der betreffenden Zeitung zu fast allen Artikeln einen Kommentar auch direkt online verfassen.

Allgemeine Informationen angeben
Donner des informations générales

ein Liebesfilm / ein Drama / ein Science-Fiction-Film / ein Western / ein Krimi / ein Horrorfilm / ein Actionfilm	un film d'amour / un drame / un film de science-fiction / un western / un film policier / un film d'horreur / un film d'action
eine romantische / groteske Komödie	une comédie romantique / grotesque
eine Tragikomödie / Teeniekomödie	une tragicomédie / une comédie pour ados
ein politischer / spannender Thriller	un thriller politique / captivant
ein Antikriegsfilm	un film contre la guerre
ein typischer Hollywoodfilm	un film typiquement hollywoodien
ein Filmklassiker	un classique du cinéma
eine Literaturverfilmung / eine Shakespeareadaption	une adaptation cinématographique d'un roman / d'une pièce de Shakespeare
eine Verfilmung des Romans „..."	une adaptation du roman « ... »
ein Zeichentrickfilm / Animationsfilm	un dessin animé / un film d'animation
ein romantischer / ergreifender / erotischer / kritischer / künstlerischer / komischer Film	un film romantique / bouleversant / érotique / critique / d'art / comique
ein Blockbuster	un film à gros budjet / à grand succès
ein Independentfilm / Low-Budget-Film	un film indépendant / à petit budjet
Der Film spielt in Frankreich / im New York der 90er Jahre / im Mafiamilieu / im Jahr 1980.	Le film se déroule en France / dans le New York des années 90 / dans le milieu mafieux / en 1980.
Der Film wurde gedreht nach einer Romanvorlage von *[Name]*.	Le film a été tourné d'après une adaptation du roman de *[Nom]*.

Filmische Mittel kommentieren
Commenter les procédés cinématographiques / moyens techniques

Die Kamera zeigt ... / fährt heran / entfernt sich.	La caméra montre ... / s'approche / s'éloigne.
Die Kamera folgt dem Helden / der Heldin.	La caméra suit le héros / l'héroïne.
In einem schnellen Kameraschwenk sieht man plötzlich ...	Un panoramique rapide nous fait voir soudain ...
In dieser Einstellung / Nahaufnahme / Totalen	Dans ce plan / plan rapproché / plan général
sieht man ...	on voit ...
zeigt uns die Kamera ...	la caméra nous montre ...
erfährt man etwas über die Charaktere / das Milieu / die Umgebung.	on apprend quelque chose sur les personnages / le milieu / l'environnement.
wird deutlich, dass ...	on voit clairement que ...
Mit dieser Einstellung	Avec ce plan,
erreicht der Regisseur / die Regisseurin, dass ...	le metteur / la metteuse en scène parvient à montrer que ...
vermittelt der Regisseur / die Regisseurin ...	le metteur / la metteuse en scène évoque ....
wird die Aufmerksamkeit des Publikums auf ... gelenkt.	l'attention du public se porte automatiquement sur ...
Die Kameraführung ist ruhig / bewegt / hektisch.	Les mouvements de la caméra sont lents / rapides / nerveux.
Schnelle Schnitte erhöhen die Spannung.	Le surdécoupage fait monter la tension / le suspense.
Im Hintergrund / Vordergrund sieht man ...	À l'arrière-plan / Au premier plan, on voit ...
Der Soundtrack unterstreicht die / schafft eine romantische / spannende / melancholische Atmosphäre.	La musique du film souligne l'atmosphère / crée une atmosphère romantique / pleine de suspense / mélancolique.
In diesem Augenblick setzt die Musik ein / hört die Musik auf / wird die Musik lauter / leiser.	À cet instant, la musique commence / s'arrête / devient plus forte / plus douce.

Mit anderen Filmen vergleichen
Comparer avec d'autres films

Wie schon bei „8 Frauen" ...	Comme déjà dans « 8 femmes » ...
Es finden sich viele Filmzitate, z. B. aus ...	Il y a beaucoup de citations de films, par ex. (tirées) de ...
Der Film ist offensichtlich von *[Name]* inspiriert.	De toute évidence, le film est inspiré de *[Nom]*.
Der Film erinnert an ... von *[Name]*.	Le film rappelle ... de *[Nom]*.
Dies ist eine romantische Komödie im Stil der alten Screwball-Komödien.	C'est une comédie romantique à la manière des anciennes comédies loufoques des années 30.
Die Ästhetik erinnert an die Schwarz-Weiß-Filme der 30er Jahre.	Sur le plan esthétique, cela rappelle les films en noir et blanc des années 30.

Über die Mitwirkenden informieren
Donner des informations sur les acteurs

der Schauspieler / die Schauspielerin	l'acteur / l'actrice / le comédien / la comédienne
der Regisseur / die Regisseurin	le metteur / la metteuse en scène
der Produzent / die Produzentin	le producteur / la productrice
der Komponist / die Komponistin	le compositeur / la compositrice
der Ausstatter / die Ausstatterin	le décorateur / la décoratrice
der Cutter / die Cutterin	le monteur / la monteuse
der Oskarpreisträger / die Oskarpreisträgerin	le lauréat / la lauréate de l'oscar
Der Regisseur / die Regisseurin so erfolgreicher / innovativer / mutiger Filme wie ...	Le metteur / La metteuse en scène de films couronnés de succès / innovateurs / courageux comme ...
Neben diesem Film hat *[Name]* auch schon in Filmen wie „..." mitgewirkt.	En plus de ce film, *[Nom]* a déjà joué dans des films comme « ... ».
[Name] war zuletzt in ... zu sehen.	*[Nom]* a joué dernièrement dans ... / On a vu *[Nom]* jouer dernièrement dans ...

[Name] führt dieses Mal Regie.	*[Nom]* dirige cette fois la mise en scène.
[Name], eine der vielversprechendsten Nachwuchstalente unserer Zeit ...	*[Nom]*, un des espoirs les plus prometteurs de notre époque ...
[Name] glänzt in der Rolle des ...	*[Nom]* est brillant(e) dans le rôle de ...

Die Botschaft des Films
Le message du film

Der Film	Le film
zeigt / macht deutlich ...	montre clairement ...
kritisiert / verurteilt ...	critique / condamne ...
spricht sich für ... aus.	plaide en faveur de ...
plädiert für ...	plaide pour ...
ergreift die Partei von ...	prend parti pour ...
warnt vor den Folgen von ...	met en garde contre les conséquences de ...
hat eine nationalistische / pazifistische / konservative / antirassistische / Gewalt verherrlichende Botschaft.	fait passer / véhicule un message nationaliste / pacifiste / conservateur / antiraciste / fait l'apologie de la violence.
hat eine gesellschaftskritische / sozialkritische Botschaft.	pose un regard critique sur la société.
will nur unterhalten.	ne veut que distraire.
vermittelt allgemeine / moralische / religiöse / christliche / konservative Werte.	véhicule / transmet des valeurs universelles / morales / religieuses / chrétiennes / conservatrices.

Ihre Reaktion und Bewertung
Votre réaction et votre appréciation

Mir hat der Film gefallen / nicht gefallen, weil ...	Le film m'a / ne m'a pas plu parce que ...
Der Film hat mich berührt / tief beeindruckt / kalt gelassen / zum Weinen gebracht / zum Lachen gebracht.	Le film m'a touché(e) / beaucoup impressionné(e) / laissé(e) froid(e) / fait pleurer / fait rire.

Ich konnte mit dem Film wenig / nichts anfangen.	Le film ne m'a pas parlé beaucoup / du tout.
Der Film ist	Le film est
originell / spannend / wichtig.	original / captivant / important.
ein Abklatsch / langweilig.	une pâle copie / ennuyeux.
belanglos.	sans intérêt / insignifiant.
ein typischer Hollywoodfilm / abseits des Mainstreams.	un film typiquement hollywoodien / en dehors de la ligne du courant dominant.
künstlerisch wertvoll.	d'une grande valeur du point de vue artistique.
traurig / komisch / romantisch / spannend / verstörend.	triste / comique / romantique / captivant / bouleversant.
Der Film ist sehenswert / lieblos heruntergedreht.	Le film vaut la peine d'être vu / a été tourné sans grand soin.
Der Film hat eine starke / beunruhigende / verstörende Bildersprache.	Les images du film sont très fortes / inquiétantes / bouleversantes. / Sur le plan visuel, le film a des moments très forts / inquiétants / bouleversants.
Ich würde mir den Film nicht noch einmal / immer wieder ansehen.	Je ne reverrais pas ce film une seconde fois. / Je pourrais voir et revoir ce film.

Filmische Mittel

Plan - Kameraeinstellung / Einstellungsgröße

plan d'ensemble = Establishing Shot	Eine sehr offene weite Einstellung meist zu Anfang einer Szene. Sie führt den Spielort ein. Dabei bewegt sich die Kamera von oben nach unten. Eindrückliche Beispiele sind die jeweils ersten Einstellungen der *Star Wars* Filme.
plan général = Totale	Diese Einstellung kommt mitten in einer Szene vor. Im Gegensatz zum *plan d'ensemble* fehlt ihr die charakteristische Kamerabewegung. Füllt eine Person beinahe die gesamte Höhe der Leinwand aus, gilt dies ebenfalls als *plan général*.

plan américain = Amerikanische Einstellung	Die Schauspieler werden von der Hüfte aufwärts gezeigt. Es kann zusätzlich Bildhintergrund gezeigt werden.
gros plan = Großaufnahme	Diese Einstellung zeigt den Schauspieler ungefähr von den Schultern aufwärts.
très gros plan = Detailaufnahme	Ein *très gros plan* zeigt nur Details, z. B. Augen oder Mund eines Darstellers.
point-of-view shot = subjektive Einstellung	Die Kamera befindet sich ungefähr auf Augenhöhe. So nimmt man die Geschehnisse mit den Augen eines Betroffenen war. Häufig wackelt die Kamera, um weitere Intensität zu erzeugen. Dies ist oft in Horrorfilmen zu finden, z. B. in *The Blair Witch Project.*

Mouvements de caméra – Kamerabewegung

panoramique = Schwenk	Ein Schwenk mit der Kamera von rechts nach links oder umgekehrt. Die Kamera ist auf einem Stativ montiert und bleibt auf einer Höhe.
panoramique vertical = vertikaler Schwenk	Wie der *panoramique* mit einem Unterschied: Die Kamera bewegt sich in der Vertikalen, also von oben nach unten oder umgekehrt.
travelling avant / arrière = K amerafahrt, Mitschwenk	Die Kamera ist auf Schienen montiert und verfolgt ein bewegliches Objekt. Beim *travelling avant* verfolgt die Kamera das Objekt mit gleich bleibendem Abstand. Beim *travelling arrière* bewegt sich die Kamera auf das Objekt zu bzw. davon weg.
zoom = Zoom	Beim *zoom in* wird ein Bild näher herangeholt. Beim *zoom out* entfernt sich die Kamera optisch vom betreffenden Gegenstand. Beidem liegt eine Veränderung am Objektiv zugrunde.

Techniques de montage – Schnitttechnik

montage cut = Schnitt	Eine Einstellung wird von einer anderen abgelöst.

montage alterné = Umschnitt	Zwischen zwei oder mehreren verschiedenen Handlungssträngen wird hin- und hergeschnitten. Dadurch werden die Handlungen als gleichzeitig wahrgenommen.
ouverture / fermeture au noir = Aufblende / Abblende	Eine Einstellung wird zu einem schwarzen Bild abgedunkelt. Anschließend geht sie in eine neue Einstellung über. So wird ein Wechsel von Ort und Zeit verdeutlicht.
montage parallèle = Jump Cut	Bei dieser Schnitttechnik werden größere Teile der Handlung weggeschnitten. Trotzdem soll dem Betrachter vermittelt werden, dass die betreffenden Szenen stattgefunden haben. Beispiel: Ein Mann verlässt das Haus. In der nächsten Einstellung betritt er einen riesigen Bürokomplex. Klar ist: Der Mann ist dorthin gekommen. Ob mit dem Auto oder zu Fuß wird nicht erläutert. Es ist für den Verlauf der Geschichte nicht wichtig.
montage par adjonction d'images = parallele Einstellung	Eine Einstellung endet mit einer bestimmten Bildkomposition. Diese wird in der nächsten Einstellung erneut aufgenommen. So entsteht ein starker Zusammenhang zwischen beiden Szenen.
fondu enchaîné = Mischbild	Eine Einstellung wird von der nächsten überlagert.

II. Gut zu wissen!

Richtig recherchieren

Nicht auf das Aussehen, auf die inneren Werte kommt es an! Was für Freundschaft und Liebe gilt, trifft auch auf einen richtig guten Text zu. Hält er alle wichtigen Informationen zu einem Thema bereit, zieht er die Leser in seinen Bann. Werden Sie deshalb zum Detektiv! Spüren Sie die Hintergründe und Umstände eines Ihnen unbekannten Sachverhalts auf. Dann fällt es Ihnen leichter, darüber einen gelungenen Text zu verfassen – egal, wie komplex das Thema auch sein mag.

Schritt 1: Um was soll es gehen?

- Überlegen Sie genau, welches Thema der Text behandeln soll.
- Klären Sie Ihnen unbekannte Begriffe.
- Machen Sie sich Notizen. Diese dürfen unsortiert sein. Es reichen Stichwörter. Einfach, was Ihnen im Kopf herum schwirrt!

Schritt 2: Die Recherche

- Nutzen Sie zunächst gewöhnliche Lexika, um einen Einstieg ins Thema zu finden.
- Anschließend beantworten Fachbücher die spezielleren Fragestellungen.
- Schalten Sie erst dann den Computer ein. Das Internet bietet eine Fülle von Informationen zu allen erdenklichen Themen. Doch Vorsicht! Achten Sie darauf, dass auf den Websites klar zu erkennen ist, woher die darauf veröffentlichten Daten stammen. Angaben über den Herausgeber finden Sie im sogenannten „Impressum“. Manchmal ist auch ein Quellenverzeichnis aufgeführt. Nur so können Sie belegen, woher Ihr Wissen stammt. Das ist gerade bei strittigen Themen ratsam. Diese stellen die Autoren oft aus einem sehr persönlichen Blickwinkel dar.
- Machen Sie auch hierzu Notizen. Diese dürfen etwas ausführlicher sein.

Schritt 3: Die Gedanken sortieren

- Bei vielen Informationen verliert man schnell den Überblick
- Strukturieren Sie nun die unsortierten Notizen aus Schritt 1 und 2. Eine gute Möglichkeit hierfür ist die Mind-Map (siehe Infofenster *Mind-Map* auf der gegenüberliegenden Seite). Manchmal bietet sich auch eine Tabelle an.
- Ergänzen Sie Ihre sortierten Aufschriebe mit Kopien oder Ausdrucken aus dem Internet

Mind-Map: Gedanken einfach und schnell sortieren

Manchmal ist der eigene Kopf mit Ideen so voll gestopft wie ein großer Teller am Nachtischbüfett – zum Beispiel, wenn Sie einen Text schreiben wollen. Aber welche Informationen sind dabei wirklich wichtig? Und welche Reihenfolge macht am meisten Sinn? Mit einer **Mind-Map** (engl. etwa „Gedanken-Landkarte") lassen sich die eigenen Gedanken übersichtlich sortieren.

Wofür Sie die Mind-Map genau einsetzen, bleibt Ihnen überlassen. Mögliche Anwendungsbereiche sind: Sie erstellen einen Sachtext, Sie machen ein Brainstorming, Sie planen einen Vortrag, Sie strukturieren Gelerntes für die Vorbereitung einer Klassenarbeit, Sie strukturieren Informationen aus einem Text.

Tipps für eine hilfreiche Mind-Map:

- Verwenden Sie unliniertes Papier. Das Blatt sollte mindestens das Format A4 haben.
- Legen Sie das Papier quer, um seitlich genügend Platz zu haben.
- Das Thema steht in der Mitte, eventuell mit einer Zeichnung verdeutlicht.
- Zeichnen Sie für jedes Schlüsselwort einen neuen Hauptast.
- Benutzen Sie für jeden Hauptast eine eigene Farbe.
- Jeder Hauptast wird in derselben Farbe mit dem Schlüsselwort in Blockbuchstaben beschriftet.
- Die Hauptäste sind mit dem Mittelpunkt verbunden und werden zum Mittelpunkt hin dicker.
- Jeder Hauptast kann sich in weitere Zweige verästeln. Damit alles verständlich bleibt, sollten Sie nicht mehr als sieben Zweige pro Hauptast einsetzen.
- Benutzen Sie für die Zweige dieselbe Farbe wie für den Hauptast.
- Die Zweige werden ebenfalls in derselben Farbe mit Unterbegriffen versehen.
- Zweige sind mit den Hauptästen verbunden und dünner gezeichnet als die Hauptäste.
- Benutzen Sie Symbole (z. B. ein Ausrufezeichen für „wichtig", Pfeile, Bilder).
- Sie können die Zweige nummerieren. Dadurch entsteht eine chronologische Reihenfolge. Das kann z. B. hilfreich sein, wenn Sie einen längeren Text erstellen. Dann entspräche Zweig Nummer 1 dem Kapitel 1.
- Gestalten Sie jede Mind-Map ein wenig schöner, phantasievoller und farbiger als die vorhergehende.

II. Gut zu wissen!

Literarische Genres

autobiographie = Autobiografie	Ein Buch über das eigene Leben. Oft schreibt die betreffende Person die **Autobiografie** nicht selbst. Sie lässt den Text von jemand anderem anfertigen. Dieser sogenannte Ghostwriter (franz. *nègre*) wird aber nicht als Autor genannt.
biographie = Biografie	**Biografien** beschreiben die wichtigsten Stationen im Leben einer oftmals berühmten Person. Im Gegensatz zum Lebenslauf ist eine *Biografie* ein langer erzählender Text. Meist liest er sich ähnlich wie ein Roman.
comédie = Komödie	Die **Komödie** ist eine Unterform des Dramas. Sie steht im Gegensatz zur Tragödie (siehe unten). Inzwischen weist die Komödie als Hauptmerkmal tatsächlich **Komik** (lustige Situationen oder Handlungen) auf. Früher war dies jedoch nicht der Fall.
fable = Fabel	In einer **Fabel** spielen Tiere, Pflanzen oder Naturkräfte die Hauptrolle. Sie bekommen menschliche Eigenschaften zugeschrieben, z. B. sprechen oder sich verlieben. Fabeln sollen den Menschen vermitteln, was gut und schlecht ist: sie erzeugen eine **Moral**.
poème épique = (Helden)epos	In einem **Epos** dreht sich alles um einen (Volks)helden und seine Abenteuer. Das dramatische Gedicht ist in gehobener Sprache verfasst. Die Hauptfigur begibt sich meist auf eine Reise. Währenddessen muss der Held verschiedene Aufgaben meistern, z. B. einen Drachen töten. Unterwegs begegnen ihm viele Gegner, die er besiegen muss. Am Ende kehrt der Held als besserer Mensch nach Hause zurück.
romance ou **fiction romantique** = Romanze	Der Begriff der **Romanze** hat mehrere Bedeutungen. Zum einen handelt es sich dabei um Reiseerzählungen. Diese weisen oft einen unrealistischen Inhalt auf, z. B. *Don Quijote.* Zum anderen sind damit auch romantische Liebesgeschichten mit vorhersehbarem Handlungsverlauf gemeint.
roman d'aventures = Abenteuerroman	Im Mittelpunkt des **Abenteuerromans** steht eine Abfolge aufregender und gefährlicher Geschehnisse. Die Personen und ihre Absichten treten dabei in den Hintergrund. Die spannende Handlung an sich ist am wichtigsten.

roman de science fiction = Sciencefiction	**Science-Fiction-Texte** spielen meist in der Zukunft. Manchmal handeln sie aber auch von einer erfundenen Welt. Dieses Genre beschäftigt sich mit den (noch) nicht realisierbaren Möglichkeiten der Technik und deren Auswirkungen, z. B. Zeitreisen oder Leben auf dem Mond. **Sciencefiction** überschneidet sich teilweise mit dem **Fantasyroman** und der **Utopie**.
roman fantastique = Fantasyroman	**Fantasyromane** spielen in erdachten Welten. In diesen gelten oftmals andere Gesetze als in unserer Realität, z. B. können Menschen fliegen. Meist kommen auch nicht menschliche Wesen in der Handlung vor, z. B. Elfen und Trolle. J.R.R Tolkiens Trilogie *Lord of the Rings* ist eines der bekanntesten Werke der Fantasyliteratur.
roman historique = historischer Roman	Die Handlung eines **historischen Romans** besteht aus teils erfundenen, teils tatsächlich existierenden Ereignissen oder Personen. Meistens sind die Figuren erfunden und die Handlung historisch korrekt. Manchmal erlebt aber eine reale Person eine ausgedachte Handlung.
roman policier = Kriminalroman, Krimi	In **Kriminalromanen** dreht sich meist alles um ein Verbrechen. Ein Ermittler oder ein Team versuchen die Geschehnisse aufzuklären. Oft stehen diese Personen im Mittelpunkt der Handlung. Die meistens Krimis ergründen die psychologischen oder gesellschaftlichen Ursachen und Umstände von Verbrechen. Auch der klassische **Detektivroman** gehört zu diesem Genre. Dabei hat ein genialer Detektiv mit häufig übermenschlichen Fähigkeiten die Hauptrolle, z. B. in Arthur Conan Doyles *Sherlock Holmes.*
satire = Satire	Die **Satire** bedient sich der Ironie, der Parodie und der Übertreibung. Dadurch verweist der Autor auf individuelle oder allgemeine menschliche Schwächen. Diese werden schonungslos offen gelegt. Berühmte Autoren satirischer Werke sind z. B. Montesquieu, Voltaire und Diderot.
tragédie = Tragödie	Die Hauptfigur einer **Tragödie** scheitert am eigenen Leben. Meist endet die Geschichte mit dem **Tod des Protagonisten**. Die Hauptfigur hat oftmals einen **Charakterfehler**. Dieser ist die Ursache aller Probleme. Allerdings kann es sich auch um ein ‚schuldloses Scheitern' handeln. Dann begeht die Hauptfigur einen Fehler, dessen sie sich aber nicht bewusst ist. Besonders in der klassischen Tragödie ist außerdem die **Fallhöhe des Protagonisten** wichtig: Je höher er in der Gesellschaft gestellt ist, desto schlimmer ist die Niederlage für ihn. Eine typische Position wäre z. B. der König.

Metrum

Dam dam dam - was für ein Rhythmus! Bei einem guten Song geht er sofort in die Beine, bei einem Gedicht irgendwie in Ohr und Kopf. Das ist kein Zufall: das Versmaß, auch **Metrum** genannt, beschreibt die Melodie eines Gedichts. Sie besteht aus einer Abfolge von betonten und unbetonten Silben. Im Französischen zählt der Sprecher die Silben eines Verses allerdings anders als im Deutschen. Die Betonung fällt im Normalfall auf die letzte Silbe eines Wortes. Endet dieses mit einem stummen *e*, ist die vorletzte Silbe betont.

1. Silbenzählung

Grundsätzlich werden alle Silben gezählt. **Ausnahme**:

- Die letzte Silbe endet mit einem stummen *e*:
  une amie = 3 Silben
  je veux monter sur scène = 6 Silben

- Das *e* wird gezählt, wenn es zwischen zwei Konsonanten steht:
  pau-vre-ment, glo-ba-le-ment

- Ein Sonderfall ist die sogenannte **Diärese** *(diérèse)*. Dabei verteilt sich ein Diphthong auf zwei Silben, damit die Silbenanzahl des Verses stimmt:
  li-on, pa-ys, na-ti-on, jou-er, pré-ci-eux

Am Schluss eines Verses endet normalerweise auch der Satz. Taucht dieser im folgenden Vers aber wieder auf, spricht man von **Enjambement** oder Zeilensprung *(enjambement)*. Dieses Stilmittel hebt die wichtigsten Wörter hervor, indem sie erst im Folgevers vorkommen:

Le spectacle fini, la charmante inconnue
Se leva; *le cou blanc, l'épaule demi-nue*
Se voilèrent; *la main rentra dans le manchon*
(Alfred de Musset, *Une soirée perdue*)

2. Versarten

Es gibt Viersilbler, Sechssilbler, Achtsilbler *(octosyllabe)*, Zehnsilbler *(décasyllabe)* und Zwölfsilbler (*alexandrin*). Man nennt sie **gerade**.

Fünfsilbler, Siebensilbler und Neunsilbler sind **ungerade**. Sie entstanden im Zuge der poetischen Revolutionen des 19. Jahrhunderts. Beispiel:

De la musique avant toute chose
Et pour cela préfère l'Impair,
Plus vague et plus soluble dans l'air
sans rien en lui qui pèse ou qui pose.
(Paul Verlaine, *l'Art poétique*)

Der **Alexandriner** *(alexandrin)* ist ein Zwölfsilbler und somit **gerade**. Seine Gestalt hat ihren Ursprung in der französischen Poesie des 16. bis 19. Jahrhunderts. Die **Zäsur** *(césure)* ist ein typisches Merkmal für den **klassischen Alexandriner**: Sie teilt den Vers in zwei gleich große Hälften, die sogenannten **Halbverse** *(hémistiches)*. Die Halbverse zwingen den Leser zu einer deutlichen Pause:

L'homme est un apprenti, la douleur est son maître,
Et nul ne se connaît tant qu'il n'a pas souffert.
(Alfred de Musset, *La Nuit d'Octobre*)

Ein Zweierrhythmus - wie im vorangegangenen Beispiel - kann zu einem Dreierrhythmus werden, wenn der Vers in drei Wortgruppen aufgeteilt ist. Dann verschwindet die Zäsur beim Hören. Stattdessen entstehen zwei klare Einschnitte:

Chacun plantant, / comme un outil, / son bec impur
(Charles Baudelaire, *Un voyage à Cythère*)

Reim

Was ist typisch für ein Gedicht? Dass es sich reimt! Wörter, die gleich oder ähnlich klingen, machen einen **Reim** aus. Diese Wörter stehen meist am Ende einer Zeile. Doch nicht das ganze Wort reimt sich, sondern nur dessen Endsilben. Eine Endsilbe ist die letzte Silbe eines Wortes. Klingt sie gleich oder ähnlich wie die Endsilbe eines anderen Wortes, entsteht der **Reim**. Solche **Reime** unterscheiden zusammen mit dem **Metrum** einen lyrischen von einem prosaischen Text. In der modernen Lyrik hat die Bedeutung des Reims jedoch abgenommen.

Das Französische unterscheidet Reime nach bestimmten Kriterien:
Betonung
Stellung
„Qualität"

a) Betonung
Rime féminine (weiblicher Reim): Auf eine betonte Silbe folgt eine Silbe mit unbetontem e (*e caduc*). Beispiel:

pensent – danse *rivage – plumage* *jolie – mélancolie*

Mignonne, allons voir si la rose,
Qui ce matin avait déclose
(Pierre de Ronsard, *Mignonne, allons voir si la rose*)

Rime masculine (männlicher Reim): Dieser endet auf eine betonte Silbe. Beispiel:

Mon enfant, ma sœur
Songe à ma douceur
(Charles Baudelaire, *L'invitation au voyage*)

En sa plus verte nouveauté,
[...]
Fera ternir votre beauté
(Pierre de Ronsard, *Mignonne, allons voir si la rose*)

b) Stellung
Rime finale (Endreim): Die gereimten Wörter stehen am Ende der Verszeile.
Der **rime finale** gilt als die häufigste Reimform im Französischen. Seine wichtigsten Reimschemata sind:

- **rimes plates** (Paarreim): Reimpaare in Serie, zum Beispiel aabbccdd
- **rimes croisées** (Kreuzreim): Reime nach dem System abab
- **rimes embrassées** (umarmender Reim): Reime nach dem System abba

Rime intérieure (Binnenreim): Die Wörter reimen sich innerhalb einer Zeile.

*Il aime beaucoup son fr**ère**, même s›il lui fait des mis**ères***

Rime initiale (Anfangsreim): Die Wörter reimen sich am Zeilenanfang. Das ist eine eher unübliche Reimform. Häufiger kommt die allitération (Stabreim) vor. Sie ist eine Unterform des **rime initiale**.

*Pour qui **sont ces ser**pents qui **si**fflent **sur** vos têtes ?*
(Racine, *Andromaque, V, 5.*)

c) „Qualität"

Rime riche (reicher Reim): Mindestens drei Laute (*phonèmes*) reimen sich.

*D'aller là-bas vivre en**semble**!*
[...]
*Au pays qui te res**semble**!*
(Charles Baudelaire, *L'invitation au voyage*)

Rime suffisante (ausreichender Reim): Zwei Laute reimen sich. Beispiel:

pareil – sommeil   *corps – efforts*

Rime pauvre (armer Reim): Nur der letzte betonte Vokallaut reimt sich.

*Vois sur ces can**aux***
*Dormir ces vaiss**eaux***
(Charles Baudelaire, *Songe à la douceur*)

Stilmittel

allitération *f* = Alliteration *Wiederholung gleicher Anfangslaute bei aufeinanderfolgenden Wörtern, um eine größere Einprägsamkeit zu bewirken.*	« Pour qui **s**ont ces **s**erpents qui **s**ifflent **s**ur vos têtes? » (Racine, *Andromaque* V, 5) «Un **f**rais par**f**um sortait des tou**ff**es d'as**ph**odèle. Les sou**ff**les et la nuit **f**lottaient sur Galgada.» (Victor Hugo, *Booz endormi*)
allusion *f* = Anspielung *Anspielung auf eine Person, einen Gegenstand, einen Ort, ein Konzept, ein Ereignis aus der Geschichte oder der Literatur.*	C'est une catastrophe mais ce n'est pas Waterloo quand même! *(allusion à la défaite de Napoléon)*
anaphore *f* = Anapher *Wiederholung eines Wortes oder einer Wortgruppe in aufeinanderfolgenden Sätzen, Versen usw.*	« Je veux, sans que la mort ose me secourir, **Toujours** aimer, **toujours** souffrir, **toujours** mourir. » (Pierre Corneille, *Suréna*)
assonance *f* = Assonanz *Wiederholung gleich oder ähnlich klingender Vokale in benachbarten Wörtern.*	«Tout m'affl**i**ge et me nu**i**t et consp**i**re à me nu**i**re.» (Jean Racine, *Phèdre* I, 3)
ellipse *f* = Ellipse *Auslassung von Satzteilen.*	« Qui m'aime me suive. » (Philippe VI de Valois, roi de France) Qui vivra verra. (proverbe)
hyperbole *f* = Hyperbel *Bewusste Übertreibung, um etwas hervorzuheben oder Humor auszudrücken.*	Il mange comme un lion. Il est fort comme un bœuf.

image *f* = bildhafte Sprache *Bildhafte Sprache, oft aus einem bestimmten Bereich (Natur, Tierwelt), um Assoziationen und Bilder zu erzeugen.*	La foule est comme une mer qui se déchaîne. « Je vis cette faucheuse. Elle était dans son champ. Elle allait à grands pas, moissonnant et fauchant, Noir squelette laissant passer le crépuscule, Dans l'ombre, on dirait que tout tremble et recule. » (Victor Hugo, *Les Contemplations*) [la faucheuse = la mort]
inversion *f* = Inversion *Wortumstellung, um etwas hervorzuheben.*	« De sa tremblante main sont tombés les fuseaux. » (Voltaire)
ironie *f* = Ironie *Das Gegenteil von dem sagen, was man eigentlich meint.*	Il ne manquait plus que cela! *(pour exprimer le mécontentement)* Fantastique! Sensationnel! *(pour exprimer sa déconvenue)*
métaphore *f* = Metapher *Gebrauch bekannter Wortbedeutungen in einem übertragenen Sinn, um dadurch ungewöhnliche oder überraschende Zusammenhänge herzustellen.*	Elle était dans la fleur de l'âge. Il était au crépuscule de la vie.
onomatopée *f* = Lautmalerei *Imitierung eines realen Lautes durch klanglich ähnliche Wörter.*	tic-tac *(d'une horloge)* glouglou *(de liquide coulant)*
paradoxe *m* = Paradoxon *Scheinbarer Widerspruch, der jedoch eine tiefere Wahrheit veranschaulicht.*	L'enfer est pavé de bonnes intentions. (proverbe) « [...] que je connaisse comme certain que justement il n'y a rien de certain. » (René Descartes, *Méditations métaphysiques*)

personnification *f* = Personifizierung *Zuweisung menschlicher Eigenschaften an Tiere, Gegenstände oder Ähnliches.*	« Sois sage, ô ma douleur, [...] » (Charles Baudelaire, *Les Fleurs du mal*) « Le mistral était en colère, et les éclats de sa grande voix m'ont tenu éveillé jusqu'au matin. » (Alphonse Daudet, *Lettres de mon moulin*)
comparaison *f* = Vergleich *Vergleich zwischen zwei unterschiedlichen Dingen oder Ideen unter Verwendung von ‚comme', ‚aussi ... que', ‚tel' etc.*	Ils se ressemblent comme deux gouttes d'eau. « Les âmes sans vertu dorment d'un lourd sommeil, Comme des arbrisseaux, viciés dans leur tige, Qui n'ont verdi qu'un jour et n'ont vu qu'un soleil. » (Charles Leconte de Lisle, *Poèmes antiques*) « Il sentit se poser sur son épaule - une main - pareille à une petite colombe qui descend sur un palmier. » (Théophile Gautier, *Mademoiselle de Maupin*)
synecdoque *f* = Synekdoche *Ein Wort wird durch einen Begriff aus demselben Begriffsfeld ersetzt (z. B. ein Teil steht für das Ganze oder umgekehrt).*	ameuter **la ville** [= les habitants] les **mortels** [= les hommes] un **fer** [= une épée] une **voile** [= un navire]

Kommasetzung im Französischen – die wichtigsten Regeln

Satzzeichen werden im Französischen überwiegend so wie im Deutschen verwendet. Lediglich bei der Kommasetzung gibt es größere Abweichungen.

Im Französischen wird das Komma gesetzt:

- bei adverbialen Bestimmungen am Satzanfang:
  Hier soir, je suis allé au cinéma.
- in einer Aufzählung und vor *etc.*:
  café, chocolat, alcool, etc.
- nach Partizipialsätzen:
  Fatiguée d'attendre, elle prit un taxi.

Kein Komma steht vor:

- nachgestellten Adverbialsätzen:
  Je pars avant qu'il ne se mette à pleuvoir.
- Relativsätzen, die für das Satzverständnis notwendig sind:
  C'est le livre que je suis en train de lire.
- Objektsätzen:
  Tu sais bien qu'elle a raison.
- indirekten Fragesätzen:
  Je me demande s'ils viendront.

Richtig zitieren

Klausuren beziehen sich oft auf einen bestimmten Text, z. B. einen Roman. Dann müssen Sie Ihre Behauptungen in der Klausur anhand konkreter Textstellen belegen. Geben Sie dazu die betreffende Stelle in Klammern mit der Seiten- und Zeilenzahl an (*p. xx, l. yy*). Sie können auch wörtliche Zitate aus dem Text übernehmen. Diese setzen Sie in Anführungszeichen. Anschließend erwähnen Sie ebenfalls die Seite und die Zeile(n), auf die Sie sich beziehen. Beispiel:

Quand il dit que Paris est une ville « conservatrice » (l. 13) Comte-Sponville veut dire que […]

Binden Sie wörtliche Zitate sinnvoll in den Text ein.

II. Gut zu wissen!

Auch bei **Handouts** und **Facharbeiten** ist eine korrekte Zitierweise wichtig. Sie schützt das geistige Eigentum des Verfassers. Die Quelle muss sowohl bei wörtlichen Zitaten als auch bei sinngemäßen Umschreibungen angegeben werden. Dies ist relevant, wenn sich die Umschreibung auf eine konkrete Passage im Originaltext bezieht.

Am Ende des Zitats wird ein Fußnotenzeichen eingefügt. In der Fußnote erscheint die Literaturangabe (siehe Infokasten *Quellenangaben machen* auf der gegenüberliegenden Seite).

Ein wörtliches Zitat wird mit doppelten Anführungszeichen (« ») versehen. Bei Zitaten innerhalb eines anderen Zitats werden entweder einfache Anführungszeichen (‹ ›) oder doppelte Anführungszeichen oben (" ") benutzt:

« Dans l'étude de Rhinocéros par Ionesco, on peut lire que " le théâtre est autant visuel qu'auditif. " »

Längere Zitate (etwa ab drei Zeilen) bekommen einen neuen Absatz. Dieser wird eingerückt. Bei längeren Zitaten werden die Anführungszeichen weggelassen.

Le poème est composé de trois strophes de six vers, c'est-à-dire des sizains. Les vers sont de quatre syllabes: tétrasyllabiques.

Les sanglots longs
Des violons
De l'automne
Blessent mon coeur
D'une langueur
Monotone.
(Verlaine, *Chanson d'automne*)

Bei manchen Zitaten sollten Sie Unklarheiten beseitigen. Dies ist z. B. der Fall, wenn ein Pronomen keinen eindeutigen Bezug mehr hat. Setzen Sie den Bezug in eckige Klammern. Beispiel:

« En 1935, il [Albert Camus] commence l'écriture de L'Envers et l'endroit. »

Auch das Kürzen eines Zitats wird durch eckige Klammern deutlich gemacht:

Victor Hugo en parlant du travail des enfants s'exprimant ainsi:

« Travail mauvais qui prend l'âge tendre en sa serre,
Qui produit la richesse en créant la misère,
[...] »
(Victor Hugo, *Melancholia*)

Quellenangaben machen

Das könnte ja alles ausgedacht sein! Egal, ob Sie einen Text selbst verfassen oder einen Fachtext lesen: Quellenangaben spielen in beiden Fällen eine wichtige Rolle. Dadurch kann der Leser nachvollziehen, woher die verwendeten Informationen stammen. Gibt es keine Quellenangaben oder nur solche „unseriösen“ Ursprungs, wird das Stück zu Recht in Zweifel gezogen.

Leider gibt es keine allgemein gültigen Regeln, wie Quellenangaben „korrekt“ gemacht werden. Fragen Sie im Zweifel nach, welches Verfahren Ihr Lehrer oder Ihre Lehrerin bevorzugt.

Beispiele für Quellenangaben in Fuß- oder Endnoten:

Fachliteratur

- Größere wissenschaftliche Darstellungen, die einem einzigen Thema gewidmet sind, können von einem einzelnen Autor oder einem Autorenkollektiv geschrieben sein.
  BERGENS, Andrée, *Jacques Prévert Classiques du XXe siècle*, Paris, Éditions universitaires, 1969.
- Mehrere Autoren werden wie folgt angegeben:

  NACHNAME, Vorname, NACHNAME, Vorname, *Buchtitel*, Ort, Verlag, Jahr.

  Hierbei wird als erster Nachname derjenige angegeben, der auch im Buch als erster steht.

Sammelbände und Journale

- Sammelbände und Journale enthalten Artikel von unterschiedlichen Autoren. Im Unterschied zur Monografie ist eindeutig zu erkennen, welcher Artikel von welchem Autor stammt. Der Name des Artikels steht in Anführungszeichen (« »), der Name des Buches jedoch wieder kursiv. „eds“ steht für *éditeurs,* also Herausgeber. Handelt es sich nur um einen einzelnen Herausgeber, schreibt man „ed“. Ähnlich werden auch Artikel aus Fachjournalen und Zeitungen kenntlich gemacht. Dabei gilt der Titel des Fachjournals oder der Zeitung als Buchtitel. Beispiel:

  ALLEMAND, Roger-Michel, « Anti-roman », in Pascal Mougins et Karen Haddad-Wotling (eds), *Dictionnaire mondial des littératures,* Paris, Larousse, 2002, p.38.

  JOB, Beatriz, « Enseigner la grammaire des langues », *Études de linguistique appliquée, n° 74, 1989, p. 18-21.*

Internet

- Verwenden Sie Informationen aus dem Internet, müssen Sie zwei Zeitpunkte angeben: das Entstehungsdatum der Website (falls dies festzustellen ist) und den Tag Ihres Zugriffs. Außerdem benennen Sie die www-Adresse. Beispiel:

  Albert Camus, dans Site du Wikipédia, 20. septembre 2011
  [http://fr.wikipedia.org/wiki/Albert_Camus], [25.01.2012]

Eine Zusammenfassung schreiben

Was haben ein Filmtrailer im Kino und eine gute Textzusammenfassung *(résumé)* gemeinsam? Beide geben einen inhaltlichen Überblick und wecken das Interesse des Betrachters, mehr zu erfahren. Folgende Regeln sollen Ihnen helfen, wesentliche Punkte Ihres Textes wiederzugeben.

Schritt 1: Vorbereitung

- Lesen sie den Text, ***ohne*** sich Notizen zu machen. Konzentrieren Sie sich dabei auf die Hauptaussage.
- Formulieren Sie in einem Satz die Hauptaussage. Stellen Sie sich die *questions Qui / Quoi / Où / Comment ?*, um den Kern des Textes zu erfassen.
- Markieren Sie im Text die Punkte, die die Hauptaussage unterstützen.
- Markieren Sie die Teile im Text, die logische Übergänge enthalten. Hierbei sollten Details, Beschreibungen und unnötige Erklärungen ausgelassen werden.

Schritt 2: Schreiben

- Erwähnen Sie im ersten Satz der Zusammenfassung Autor, Titel und Hauptaussage des Textes.
- Formulieren Sie anhand der Punkte unter *Schritt 1: Vorbereitung* Ihre Zusammenfassung. Verzichten Sie dabei auf eigene Bewertungen.
- Beenden Sie die Zusammenfassung mit einem Schlusssatz, der die Bedeutung bzw. Absicht des Artikels wiedergibt. Dabei ist die Sicht des Autors und nicht Ihre eigene gefragt.
- Zusammenfassungen sollten nicht länger sein als ein Viertel des Originaltextes. Alternative: Ihnen wird eine konkrete Wortanzahl vorgegeben.

Schritt 3: Überarbeitung

- Sie sollten Ihre Zusammenfassung kürzen, wenn Sie die vorgesehene Länge überschritten haben:
  - Versuchen Sie Wörter zu entfernen, aber keine wichtigen Ideen.
  - Manchmal werden Nebensätze benutzt, um unklare Formulierungen zu konkretisieren. Streichen Sie den Nebensatz und versuchen Sie Klarheit in den Hauptsatz zu bringen.
- Überprüfen Sie den Text auf Stimmigkeit:
  - Haben Sie etwas Wichtiges ausgelassen?
  - Haben Sie die Hauptaussage eventuell verfälscht?
- Ist der Text sprachlich akzeptabel? Liest er sich gut?
- Überprüfen Sie die Rechtschreibung und Grammatik auf Flüchtigkeitsfehler.

III. Richtig präsentieren

Hinweise zur Erstellung von Präsentationen

1. Zielsetzung

- Formulieren Sie in wenigen Sätzen das Thema.
- Wie sollen Sie das Thema aufbereiten? Was genau wird von Ihnen verlangt?

2. Brainstorming

- Sammeln Sie eigene Ideen zum Inhalt. Machen Sie sich Notizen.
- Sortieren Sie Ihre Notizen in einer Mind-Map (siehe Infofenster *Mind-Map* auf Seite 103).
- Markieren Sie unklare Punkte. Bei welchen Aspekten fehlen Ihnen noch Informationen?

3. Recherchephase

- Lesen Sie zunächst Texte, die einen Überblick geben. Widmen Sie sich erst dann Fachtexten.
- Machen Sie sich Notizen.
- Notieren Sie jede Quelle.

4. Gliederung

- Führen Sie Ihre Mind-Map und die Notizen aus Punkt 3 zusammen. Erstellen Sie anhand dessen eine Gliederung.
- Eine Präsentation sollte meist nicht mehr als fünf Hauptaspekte behandeln.
- Die wichtigsten Punkte einer Gliederung:
  Einleitung
  These 1 oder Theorie
  These 2 oder Anwendung
  Vergleich oder Zusammenfassung
  Schlussfolgerung / Ausblick

5. Erstellen der Präsentation

- Erstellen Sie einen Notizzettel mit den wichtigsten Stichworten. Dann verlieren Sie beim Sprechen nicht den Faden.
- Setze Sie die Ergebnisse aus Punkt 4 in PowerPoint-Folien um. Möchten Sie das Programm nicht verwenden, überlegen Sie sich andere Methoden zur Veranschaulichung, z. B. Tafelanschrieb.

- Suchen Sie einen spannenden/interessanten oder kontroversen Einstieg.
- Geben Sie zu Beginn anhand der Gliederung einen Überblick über die Präsentation.
- Die Schlussfolgerung fasst noch einmal die wichtigsten Punkte zusammen.

6. Handout

- Erstellen Sie ein Handout für die Zuhörer. Es enthält die wichtigsten Aspekte Ihres Vortrags. Das Handout sollte maximal zwei Seiten umfassen.
- Benennen Sie am Ende des Handouts Ihre Quellen (siehe Infofenster *Quellenangaben machen* auf Seite 115).
- Je nach Thema können Sie Ihren Zuhörern abschließende Aufgaben stellen. Sie können sich den Inhalt Ihres Vortrags dadurch besser merken. Klären Sie mit Ihrem Lehrer vorher ab, ob Aufgaben erwünscht sind.

7. Technische Hilfsmittel

- Wie möchten Sie Ihr Thema präsentieren? Mit PowerPoint mittels Beamer, mit ausgedruckten PowerPoint-Folien, mit Tafelanschrieben, Overhead-Projektor usw.?
- Falls Sie Folien erstellen: Sie sollten nicht den gesprochenen Text vorweg nehmen.
- Die Folien sollten auf einen Blick zu verstehen sein.
- Jede Folie sollte nur einen Schwerpunkt veranschaulichen.
- Ergänzen Sie Ihren Vortrag durch Bilder und Grafiken. Diese sind oft einprägsamer als geschriebener Text.
- Achten Sie auf die richtige Größe: Alle Folien und Anschriebe müssen von der letzten Reihe aus erkennbar sein.

Anrede und Begrüßung
Formules d'adresse et d'accueil

1

Meine sehr verehrten Damen und Herren ...	Mesdames et Messieurs ...
Liebe Kolleginnen und Kollegen ...	Chers collègues ...
Liebe Kommilitonen ...	Chers camarades d'étude, ...
Guten Morgen, liebe Klassenkameraden ...	Bonjour, chers camarades ...
Guten Morgen alle miteinander.	Bonjour, tout le monde.
Ich begrüße Sie / euch sehr herzlich in ... / zu ...	Je vous souhaite la bienvenue à ... / à l'occasion de ...
Ich heiße Sie / euch herzlich willkommen.	Je vous souhaite la bienvenue.
Ich freue mich, dass Sie / ihr so zahlreich erschienen sind / seid.	Je suis très heureux / heureuse que vous soyez venus aussi nombreux.
Schön, dass Sie / ihr die Zeit gefunden haben / habt.	Je suis heureux / heureuse que vous ayez trouvé le temps de venir.
Es freut mich, Sie / euch heute Morgen hier begrüßen zu dürfen.	Je me réjouis de pouvoir vous accueillir ici ce matin.
Schön, dass Sie / ihr alle heute Morgen da sind / seid.	Merci d'être tous là ce matin.
Ich freue mich, dass Sie / ihr bei diesem herrlichen Sonnenschein den Weg hierher gefunden haben / habt.	Je me réjouis de voir que vous ayez trouvé le chemin jusqu'ici par ce beau soleil.

Andere und sich selbst vorstellen
Présenter les autres et se présenter soi-même

2

Ich möchte mich gerne kurz vorstellen: ...	Je voudrais me présenter brièvement: ...
Darf ich mich vorstellen: ...	Puis-je me présenter: ...
Mein Name ist ... / Ich heiße ...	Je m'appelle ...
Die meisten von Ihnen / euch kennen mich ja, ich bin ...	La plupart d'entre vous me connaissez déjà, je suis ...
Für diejenigen, die mich nicht kennen, ich bin ...	Pour ceux qui ne me connaissent pas, je suis ...
Ich bin Schüler(in) der 10. Klasse.	Je suis en classe de troisième.
Ich bin Student(in) im 3. Semester.	Je suis étudiant(e) en deuxième ... année.
Ich bin ein Praktikant / eine Praktikantin.	Je suis stagiaire.

Ich arbeite als Literaturwissenschaftler(in) / Ingenieur(in) / Journalist(in).	Je suis spécialiste de littérature / ingénieur(e) / journaliste.
Ich arbeite im Bereich der Sprachwissenschaft / Genforschung.	Je travaille dans le domaine de la linguistique / de la génétique.
Ich interessiere mich schon lange für ...	Je m'intéresse depuis longtemps à ...
Heute steht hier mit mir ...	À mes côtés aujourd'hui
Ich glaube, Sie kennen / ihr kennt alle ...	Je crois que vous connaissez tous ...
Ich möchte gerne ... vorstellen.	Je voudrais vous présenter ...
Darf ich ... vorstellen?	Puis-je vous présenter ... ?
Wir arbeiten schon lange zusammen an diesem Projekt.	Nous travaillons ensemble depuis longtemps à ce projet.
Wir haben diese Präsentation gemeinsam vorbereitet.	Nous avons préparé cet exposé ensemble.
Während ich Sie / euch in das Thema einführe, wird mein Partner / meine Partnerin später das Datenmaterial erläutern.	Dans un premier temps, je vous introduirai au sujet et mon / ma partenaire vous expliquera par la suite l'ensemble des données.
Wir werden uns im Verlauf dieser Präsentation immer wieder abwechseln / ergänzen.	Nous nous relaierons / compléterons tout au cours de cet exposé.

Technische Fragen klären
Aborder les éventuels problèmes techniques d'un exposé

3

Ist es zu hell?	Est-ce qu'il fait trop clair ?
Soll ich die Rollos herunterlassen?	Vous voulez que je ferme les rideaux ?
Soll ich die Lichter dimmen?	Vous aimeriez que je réduise la lumière ?
Soll ich den Raum noch etwas verdunkeln?	Est-ce que je dois faire plus d'obscurité ?
Können Sie / Könnt ihr mich überall gut verstehen?	Est-ce que vous m'entendez tous bien ?
Ist die Statistik auch hinten noch gut zu erkennen?	Est-ce que vous voyez bien la statistique au dernier rang ?
Können Sie / Könnt ihr alle die Folie lesen?	Vous pouvez tous lire la feuille transparente / la diapositive ?
Hier vorne ist noch Platz. Vielleicht möchten Sie / möchtet ihr noch etwas nach vorne kommen?	Il y a encore de la place devant. Peut-être pourriez-vous vous avancer un peu ?

Können Sie / Könnt ihr mich überall gut verstehen?	Vous me comprenez tous bien ?
Spreche ich laut genug?	Je parle assez fort?
Einen kleinen Moment, bitte. Die Technik spielt uns einen Streich.	Un moment, s'il vous plaît. La technique nous joue un petit tour.
Der CD-Spieler / der Videorekorder / der Computer funktioniert nicht.	Le lecteur de CD / le magnétoscope / l'ordinateur ne marche pas.
Es läuft gerade leider etwas anders als geplant, aber vielleicht können wir erst mal mit ... weitermachen.	Malheureusement, nous avons un petit problème. Peut-être pourrions-nous continuer avec ...
Entschuldigung für die kurze Unterbrechung, es geht sofort weiter.	Excusez-nous pour cette courte interruption, nous reprenons tout de suite le cours de l'exposé.

Organisatorische Fragen klären
Aborder les éventuels problèmes relatifs à l'organisation d'un exposé

4

Unterbrechen Sie /Unterbrecht mich ruhig, wenn etwas unklar sein sollte.	N'hésitez pas à m'interrompre si quelque chose n'est pas clair.
Melden Sie sich / Meldet euch, wenn Sie / ihr eine Frage haben / habt.	Faites-moi signe si vous avez une question.
Sie können / Ihr könnt während der Präsentation jederzeit Fragen stellen.	Vous pouvez poser des questions à tout moment de l'exposé.
Stellen Sie / Stellt Fragen immer gleich, wenn sie auftauchen.	Posez vos questions dès qu'elles vous viennent à l'esprit.
Ich beantworte Ihre / eure Fragen am Ende der Präsentation.	Je répondrai à vos questions à la fin de l'exposé.
Es wird im Anschluss an die Präsentation genügend Zeit zur Diskussion geben.	À la fin de l'exposé vous aurez assez de temps pour discuter.
Alles in allem wird die Präsentation ungefähr zwanzig Minuten in Anspruch nehmen.	L'exposé durera environ vingt minutes en tout.
Die Präsentation wird ungefähr eine Stunde dauern.	L'exposé durera environ une heure.
Es gibt ein Handout, das ich gleich austeile.	Il y a une documentation que je vais distribuer tout de suite.

Ich teile das Handout nach der Präsentation aus.	Je distribuerai la documentation après l'exposé.
Sie bekommen / Ihr bekommt ein Handout, deshalb müssen Sie / müsst ihr nicht mitschreiben.	Je vous donnerai une documentation, vous n'avez donc pas besoin de prendre de notes.

Einleitende Worte
Paroles d'introduction

5

Heute möchte ich über ... sprechen.	Aujourd'hui, je voudrais parler de ...
Heute werde ich über ... sprechen.	Aujourd'hui, je vais parler de ...
Das heutige Thema ist:	Le sujet d'aujourd'hui est ...
Heute möchte ich mit Ihnen / euch ein wichtiges / interessantes / zentrales Thema besprechen.	Aujourd'hui, je voudrais discuter avec vous d'un sujet important / intéressant / essentiel.
Ich möchte Sie / euch in dieser Präsentation mit einem Thema vertraut machen, das ...	Au cours de cet exposé, je voudrais vous familiariser avec un sujet qui ...
Sie haben sich / Ihr habt euch sicher schon einmal gefragt, ...	Vous vous êtes sûrement déjà demandé(e)s un jour ...
Warum sollten wir eigentlich über dieses Thema / diesen Roman sprechen?	Mais d'ailleurs, pourquoi devrions-nous parler de ce sujet / de ce livre ?
Vielleicht ist Ihnen / euch schon einmal aufgefallen, dass ...	Peut-être avez vous déjà remarqué que ...
Wie kommt es eigentlich, dass ...?	À vrai dire, comment se fait-il que ... ?
In letzter Zeit hat unser Thema an Aktualität gewonnen.	Ces derniers temps, notre sujet est devenu d'actualité.
Immer wieder hören wir in den Medien von / berichten die Medien über / hören wir Presseberichte über ...	Régulièrement, on entend parler dans les médias de / les médias nous parlent de / on entend des rapports de presse qui disent que ...
Es ist allgemein bekannt, dass ...	Tout le monde sait que ...
Im Alltag begegnet uns immer wieder ...	Régulièrement, nous sommes confrontés au quotidien ...
Was hat dieses Thema eigentlich mit uns zu tun?	En quoi ce sujet nous concerne-t-il ?
Dies ist ein Beispiel für ...	C'est un exemple de ...

... klingt vielleicht zunächst etwas bieder / langweilig / altmodisch. Ich hoffe aber, Sie / euch im Verlauf der Präsentation vom Gegenteil überzeugen zu können.	... paraît peut-être au premier abord quelque peu simplet / ennuyeux / démodé. Mais j'espère pouvoir vous convaincre du contraire au cours de l'exposé.
Mich hat an diesem Thema besonders fasziniert / interessiert / bewegt, dass ...	Ce qui m'a particulièrement fasciné(e) / intéressé(e) / ému(e), c'est ...
Ich interessiere mich schon lange für ...	Je m'intéresse déjà depuis longtemps à ...
Es ist wichtig über ... zu informieren.	Il est important d'informer les gens sur ...
Ich möchte Ihr / euer Interesse wecken für ...	Je voudrais attirer votre attention sur ...
Ich würde gerne einen bisher noch wenig bekannten Aspekt in den Vordergrund stellen.	J'aimerais mettre au premier plan un aspect jusque-là peu connu.
Es gilt, Vorurteile gegen ... aus dem zu Weg räumen.	Il s'agit d'écarter tous les préjugés contre ...
Ich hoffe, dass Sie / ihr am Ende dieser Präsentation ... mit anderen Augen sehen werden / sehen werdet.	J'espère que vous verrez d'un autre œil ... à la fin de cet exposé.

Das Ziel umreißen
Esquisser l'objectif

6

Das Ziel dieser Präsentation ist es, ...	L'objectif de cet exposé est de ...
Ich möchte / Wir möchten	Je voudrais / Nous voudrions
zeigen, dass ...	montrer que ...
belegen, dass ...	prouver que ...
erreichen, dass ...	arriver à ce que ...
informieren über ...	informer sur ...
eine Verhaltensänderung erreichen.	arriver à un changement de comportement.
Interesse wecken für ...	susciter l'intérêt pour ...
einen bisher noch wenig bekannten Aspekt in den Vordergrund stellen.	mettre en avant un aspect peu connu jusqu'à présent.
Vorurteile gegen Migranten / die Gentechnik aus dem Weg räumen.	rejeter les préjugés contre les immigrés / la génétique.
Ich möchte Ihnen / euch nun meine Gliederung vorstellen.	Je voudrais vous présenter la structure de mon exposé.
Ich habe den Vortrag in vier Abschnitte gegliedert.	J'ai divisé ma conférence en quatre parties.

Ich werde in meinem Vortrag auf folgende Punkte eingehen: ...	Dans ma conférence, je vais parler des choses suivantes: ...
Mein Fokus liegt auf ...	Je me suis centré sur ...
Ich setze folgende Schwerpunkte: ...	Je me concentre surtout sur les points suivants: ...
Zunächst werde ich auf ... zu sprechen kommen, dann sollen ... und ... folgen.	D'abord, je vais parler de ... puis je traiterai de ... pour aborder ensuite ...
Zum Schluss werde ich ... ansprechen.	À la fin, je parlerai de ...
Abschließend werde ich ... ansprechen.	En conclusion, je parlerai de ...
An dieser Stelle wird Raum für Fragen / eine Diskussion sein.	À ce moment-là, vous aurez l'occasion de poser des questions / de discuter.
Anschließend haben wir noch ausreichend Zeit darüber zu diskutieren.	À la fin de l'exposé, il nous restera encore suffisamment de temps pour discuter.
Ich hoffe, / Wir hoffen,	J'espère / Nous espérons
dass Sie / ihr am Ende dieser Präsentation Indien / Kennedy mit anderen Augen sehen werden / werdet.	qu' à la fin de cet exposé, vous verrez l'Inde / Kennedy d'un autre œil.
etwas zur Klärung dieses Sachverhalts beitragen zu können.	pouvoir apporter quelques éclaircissements sur ces faits.

Die Botschaft
Le message

7

Wir sehen deutlich, dass ...	Nous voyons clairement que ...
Folgender Gedanke ist zentral: ...	L'aspect suivant est un aspect central: ...
Wir gehen von folgender Grundlage aus: ...	Nous partons du fait suivant: ...
Dabei sind folgende Punkte besonders wichtig: ...	Dans ce contexte, les points suivants sont particulièrement importants.
Ein zentraler Aspekt ist ...	Un aspect crucial est ...
Zwei Aspekte möchte ich besonders betonen: ...	Je voudrais insister sur deux aspects en particulier.
Wichtige inhaltliche Punkte sind ...	Les points importants sont ...
Was ich damit sagen möchte, ist ...	Ce que je veux dire par là, c'est que ...
Wie ich soeben gezeigt habe, ...	Comme je viens de le montrer ...
Es liegt auf der Hand, dass ...	Il est évident que ...
Ich komme zu dem Schluss, dass ...	J'en conclus que ...
Hier ist eine klare Tendenz zu erkennen.	On peut reconnaître ici clairement une tendance.
Es liegt nahe, das vorhandene Datenmaterial dahingehend zu interpretieren.	On conçoit aisément que les données soient interprétées dans ce sens.
Im Gegensatz zur landläufigen Meinung zeichnet sich eine ganz andere Entwicklung ab.	Contrairement à l'opinion répandue, on voit se profiler une toute autre évolution.
In Anbetracht dieser Tatsachen ...	En considération de ces faits ...
Nach vorsichtiger Abwägung der Argumente ...	Après avoir soupesé soigneusement les arguments ...
Wenn man alle diese Punkte in Erwägung zieht, ...	Après avoir pris en compte tous ces points ...
Mit der gebotenen Vorsicht lässt sich trotzdem eine klare Entwicklung skizzieren.	Avec la prudence requise, on peut malgré tout esquisser une évolution claire et nette.

Fakten darlegen
Présenter des faits

8

[Name] wurde im Jahr ... in ... geboren.	*[Nom]* est né à ...
[Name] starb im Jahr ... in ...	*[Nom]* est mort à ...
Ich werde einige biographische Eckdaten zu ... nennen.	Je vais vous citer quelques faits biographiques sur...
Ich werde einen Überblick über den Lebenslauf von *[Name]* geben.	Je vais vous donner un aperçu de la vie de *[Nom]*.
Im selben Jahr ...	La même année...
Dieses Ereignis war besonders prägend für ...	Cet incident fut particulièrement important pour...
Sein Lebensziel war es, ...	Son but dans la vie était de ...
Im Jahr ...	En ...
Die Situation sah folgendermaßen aus: ...	La situation était la suivante: ...
Im Jahr ... war die Situation besonders schwierig / günstig.	En ... la situation était particulièrement difficile / favorable.
Viele Faktoren beeinflussten ...	De nombreux facteurs influencèrent ...
Die Gründe für diese Entwicklung waren vielfältig.	Les raisons de cette évolution étaient variées.
Auch in anderen Ländern ...	Dans d'autres pays également ...
Anders als heute, gab es damals ...	Contrairement à aujourd'hui, il y avait autrefois ...
Wenn wir die Situation mit der heutigen vergleichen, erkennen wir, dass ...	Si nous comparons la situation d'autrefois avec la situation actuelle, nous verrons que ...

Zahlen vorstellen
Présenter des chiffres

9

Ein paar Zahlen werden diese Befunde verdeutlichen.	Quelques chiffres vont illustrer ces résultats.
Die Zahl beträgt ...	Le nombre est de ...
Diese Zahl ist doppelt so hoch wie ...	Ce chiffre est deux fois plus élevé que ...
Dieser Wert lässt sich vergleichen mit ...	On peut comparer cette valeur à ...
Diese Größe ist vergleichbar mit ...	Cette quantité est comparable à ...
Die Zahl hat sich in zwei Jahren verdreifacht.	Le chiffre a triplé en deux ans.
Das sind so viele wie ...	Cela fait autant que ...
Das sind weniger als ...	Cela fait moins que ...

Daten und Grafiken präsentieren
Présenter des données et des graphiques

10

Hier sehen Sie / seht ihr ...	Ici vous voyez ...
das Tortendiagramm	le graphique à secteurs
das Säulendiagramm / das Balkendiagramm	le graphique en bâtons
das Liniendiagramm	le diagramme en arbre
Diese Statistik / Diese Grafik	Cette statistique / Ce graphique
belegt / beweist ...	démontre / prouve ...
weist darauf hin, dass ...	indique que ...
zeigt eine Tendenz an.	indique une tendance.
ein Viertel / die Hälfte / ein Drittel / dreiviertel	un quart / la moitié / un tiers / trois-quarts
23 % der Menschen in [Paris] sind ...	23 % des [Parisiens] sont ...
[Straßburg] hat einen niedrigeren Prozentsatz an ... als [Paris].	[Strasbourg] a un plus bas pourcentage de ... que [Paris].
Der Prozentsatz von ... in ... ist höher als im nationalen Durchschnitt.	Le pourcentage de ... à ... est plus élevé que la moyenne nationale.
Ich möchte Ihnen / euch einige konkrete Statistiken / einige Zahlen zeigen.	Je voudrais vous montrer quelques statistiques concrètes / quelques chiffres.
Im Jahr 2004 lässt sich eine eindeutige Steigerung / ein steiler Abfall feststellen.	En 2004, on constate une hausse sensible / une chute brutale.
An der Kurve kann man erkennen, wie der Verbrauch immer mehr ansteigt / immer weiter absinkt.	En regardent cette courbe, on peut constater une hausse / une baisse de la consommation.
Wenn man die Graphiken von 2005 und 2007 vergleicht, so kann man sehen, dass ...	Si on compare les graphiques de 2005 et celui de 2007, on peut voir que ...
Das ausgeglichene Verhältnis zwischen den grünen und roten Balken legt nahe, ...	L'équilibre entre le segment vert et le segment rouge permet de dire ...
Das Interessante / Ermutigende / Besorgniserregende hier ist ...	Ce qui est intéressant / encourageant / inquiétant ici, c'est ...
Die Zahlen sprechen hier eine eindeutige Sprache.	Les chiffres parlent d'eux-mêmes.
An dieser Stelle möchte ich auf die Untersuchung von *[Name]* hinweisen / verweisen.	Je voudrais maintenant mentionner l'étude de *[Nom]* / renvoyer à l'étude de *[Nom]*.
Ich möchte Sie / euch besonders auf diese Graphik aufmerksam machen.	Je voudrais particulièrement attirer votre attention sur ce graphique.

Eine These aufstellen
Avancer une thèse

11

Lassen Sie uns / Lasst uns zunächst von folgender Annahme ausgehen: ...	Partons du principe que ...
Lassen Sie mich / Lasst mich zu Beginn folgende These aufstellen: ...	Laissez-moi formuler la thèse suivante: ...
Ich möchte hiermit die These aufstellen, dass ...	Je voudrais avancer la thèse ...
Lassen Sie / Lasst mich zu Beginn folgende These aufstellen: ...	Laissez-moi formuler la thèse suivante: ...
Ich behaupte, dass ...	J'affirme que...
Ich vermute / nehme an, dass ...	Je suppose que ...
Ich glaube, dass ...	Je crois que ...
Ich möchte beweisen, dass ...	Je voudrais prouver que ...
Ich möchte in meinen Ausführungen diese These mit neuen Argumenten stützen.	Durant mon exposé j'appuierai cette thèse sur de nouveaux arguments.
Zunächst gehen wir von der Vermutung aus, dass ...	D'abord, nous supposons que ...
Lassen Sie uns / Lasst uns als Arbeitshypothese erst einmal annehmen, dass ...	Comme hypothèse de travail, supposons que ...
Aufgrund des bisher vorhandenen Datenmaterials gehe ich davon aus, dass ...	Au vu des données actuelles, je pars du principe que ...
Der bisherige Stand der Forschung lässt vermuten, dass ...	Les résultats actuels de la recherche laissent supposer que ...
Die Entwicklungen der letzten Zeit lassen vermuten, dass ...	Les évolutions des dernières années laissent supposer que ...
Bisher wurde immer davon ausgegangen, dass ... Ich halte diese Annahme jedoch für falsch, da ...	Jusqu'à présent, nous sommes toujours partis du principe que ... Or je considère cette hypothèse comme erronée puisque ...
Ich glaube, dass sich die Voraussetzungen / gesellschaftlichen Bedingungen in den letzten Jahren entscheidend verändert haben, so dass ...	Je crois que les conditions préalables / les conditions sociales se sont modifiées de façon si significative ces dernières années que ...

Meinungen wiedergeben
Indiquer des opinions

12

Laut / Nach *[Name]* ...	Selon / D'après *[Nom]* ...
[Name] zufolge ...	D'après *[Nom]* ...
[Name]	*[Nom]*
meint, dass ...	pense que ...
behauptet, dass ...	affirme que ...
gibt an, dass ...	déclare que ...
vermutet, dass ...	suppose que ...
ist der Meinung, dass ...	est d'avis que ...
plädiert für / gegen ...	plaide pour / contre ...
vertritt die Meinung, dass ...	est d'avis que ...
Es wird allgemein angenommen / vermutet, dass ...	Tout le monde pense / suppose que ...
Es kann kein Zweifel bestehen, dass ...	Il ne peut y avoir aucun doute que ...
Viele meinen / glauben, dass ...	Beaucoup pensent / croient que ...
Die öffentliche Meinung ist für / gegen ...	L'opinion publique est pour / contre ...
Die Stimmung ist aufgeheizt / kühl / freundlich.	L'atmosphère est échauffée / froide / chaleureuse.
Die Mehrheit / Minderheit vertritt die Ansicht, dass ...	La majorité / une minorité considère que ...
Es herrscht eine starke Tendenz, dies so zu sehen.	On aurait plutôt tendance à le voir comme cela.
In wissenschaftlichen / informierten / politischen Kreisen geht man davon aus, dass ...	Ce qu'on suppose dans les milieux scientifiques / informés / politiques, c'est que ...

Eine persönliche Stellungnahme ausdrücken
Donner son avis

13

Meiner / Unserer Meinung nach ...	À mon / notre avis ...
Meines / Unseres Erachtens ...	À mon / notre avis ...
Ich glaube / Wir glauben, dass ...	Je crois / Nous croyons que ...
Ich vermute / Wir vermuten, dass ...	Je suppose / Nous supposons que ...
Ich bin / Wir sind der Ansicht / der Meinung / der Auffassung, dass ...	Je suis / Nous sommes d'avis que ...
Was mich betrifft ...	En ce qui me concerne ...

Es steht für mich unzweifelhaft fest, dass ...	Pour moi, il est indubitable que ...
Ich halte es für sehr wahrscheinlich, dass ...	Selon moi, il est très probable que ...
Ähnlich wie *[Name]* denke ich, dass ...	Comme *[Nom]*, je pense que ...
Ich kann mich der Meinung von *[Name]* anschließen.	Je ne peux que me ranger aux côtés de *[Nom]*.
Besonders überzeugend finde ich ...	Je trouve... particulièrement convaincant(e).
Dem kann ich unbedingt zustimmen.	Je ne peux qu'être d'accord avec cela.
Ich habe große Zweifel, ob ...	Je doute vraiment que...
Ich persönlich halte das für diskussionswürdig.	Personnellement, je trouve que cela vaut la peine d'être discuté.
Das Argument überzeugt mich nicht, weil ...	Cet argument ne me convainc pas car ...
Im Gegensatz zu *[Name]* bin ich der Meinung, dass ...	Contrairement à *[Nom]*, je pense que ...

Argumente anführen
Apporter des arguments

14

Mein erstes Argument ist: ...	Mon premier argument est : ...
Der erste Punkt, den ich anführen möchte, ist: ...	Le premier point donc je voudrais vous parler est : ...
Erstens ..., zweitens ..., drittens ...	Premièrement ..., deuxièmement ..., troisièmement ...
Zunächst einmal / Als Erstes möchte ich anführen, dass ...	Tout d'abord / En premier lieu, je voudrais mentionner que ...
Und drittens sollte beachtet werden, dass ...	Et troisièmement, nous devrions tenir compte de...
Es muss aber auch erwähnt werden, dass ...	Mais il faut aussi mentionner que ...
Ein weiteres Argument ist ...	Un argument supplémentaire est...
Auch das sollte nicht vergessen werden.	C'est un fait qu'on ne doit pas oublier non plus.
Des Weiteren / Außerdem ...	En outre ...
Zudem ist wichtig, dass ...	De plus, il est important que ...
Darüber hinaus sollte nicht unerwähnt bleiben, dass ...	En outre, il ne faut pas passer sous silence que ...
übrigens / apropos	d'ailleurs / à propos
Dies sei nur am Rande / nebenbei bemerkt.	Cela soit dit en passant.
Am Rande sei auch erwähnt, dass ...	Mentionnons également en passant que ...

Argumente verknüpfen
Relier des arguments

15

Damit möchte ich überleiten zu ...	Je voudrais en venir à ...
Wir haben nun bereits die ersten drei Aspekte betrachtet.	Nous avons déjà abordé les trois premiers aspects.
Diese Themen sind wichtig für den nächsten Punkt.	Ces thèmes sont importants pour le prochain point.
Verbunden damit ist auch der nächste Bereich.	Le domaine suivant est aussi en rapport avec cela.
Dies führt zu ... / hat zur Folge ... / liegt daran, dass ... / ist klar, weil ...	Cela mène à ... / a pour conséquence ... / est dû au fait que ... / est clair parce que ...
Auf der einen Seite ..., auf der anderen Seite ...	D'un côté ..., de l'autre côté ...
So weit also zu ...	Voilà tout ce qui concerne ...
Was aber ... angeht ...	Par contre, en ce qui concerne ...
jedoch	toutefois
nichtsdestoweniger	néanmoins
Es lässt sich natürlich auch anführen, dass ...	On peut naturellement aussi mentionner que ...
Auf der anderen Seite muss man bedenken, dass ...	D'autre part, il faut prendre en compte le fait que ...
Andererseits ist festzuhalten, dass ...	D'autre part, il faut faire observer que ...
jedenfalls	en tout cas
Das bringt mich auf einen anderen Aspekt / zu meinem nächsten Punkt.	Cela me fait penser à un autre aspect / Cela m'amène au point suivant.
Ein weiterer wichtiger Punkt ist der Folgende: ...	Le point suivant est aussi important: ...
Ich komme nun zu Punkt ...	Venons-en maintenant au point ...
An dieser Stelle ist auch interessant / darf auch ... nicht fehlen ...	Ici, il est aussi intéressant / on ne doit pas omettre ...
Dabei sollte man auch beachten, dass ...	Dans ce contexte, nous devrions tenir compte de ...
Dabei darf nicht fehlen ...	Dans ce contexte, il ne faut pas omettre de parler de ...
Gerne wird gesagt, ..., hier aber gilt ...	On dit volontiers que ... , mais ici, on affirme que ...

Dies ist zwar grundsätzlich richtig, aber ...	Certes, c'est tout à fait juste, mais ...
Es sollte ebenfalls erwähnt werden ...	Il faut également mentionner ...
Ganz ähnlich / Ganz anders verhält es sich mit ...	C'est tout à fait semblable / différent avec ...

Beispiele anführen
Citer des exemples

16

Dieses Beispiel zeigt, dass ...	Cet exemple montre que ...
An diesem Beispiel sehen wir ...	Cet exemple illustre ...
Ein gutes Beispiel dafür ist ...	Un bon exemple pour cela est ...
Ich möchte ein paar Beispiele nennen ...	J'aimerais citer quelques exemples ...
Lassen Sie / Lasst mich dies an einem kurzen Beispiel verdeutlichen.	Laissez-moi illustrer cela par un exemple.
Es gab beispielsweise einen Fall ...	Il y avait par exemple un cas ...
Vielleicht wird dies durch folgendes Beispiel klarer: ...	Peut-être que cela sera plus clair grâce à l'exemple suivant: ...

Experten zitieren
Citer des experts

17

In seinem / ihrem Aufsatz / Buch *[Titel]* weist *[Name]* bereits darauf hin.	*[Nom]* le signale déjà dans son essai / livre *[Titre]*.
In diesem Zusammenhang möchte ich folgende Aussage von *[Name]* zitieren: ...	Dans ce contexte, je voudrais citer les paroles de *[Nom]*: ...
Dazu hat *[Name]* Folgendes gesagt: ...	Dans ce contexte *[Nom]* a déclaré: ...
Auch *[Name]* stellt in seinen / ihren Veröffentlichungen wiederholt diese These auf.	Même *[Nom]* avance cette thèse à plusieurs reprises dans ses publications.
[Name] weist immer wieder darauf hin, dass ...	*[Nom]* attire sans cesse l'attention sur le fait que ...
Im Leitartikel des *Figaro* vom 14.02.2008 wird ein wichtiger Aspekt angesprochen.	L'éditorial du *Figaro* du 14/02/08 aborde un aspect important.
[Name] macht diese Beobachtung zum ersten Mal im Jahr 1996.	*[Nom]* fait cette observation pour la première fois en 1996.
Auf Seite 26 des Buches *[Titel]* von *[Name]* aus dem Jahr 2003 finden wir folgende Bemerkung: ...	On trouve la remarque suivante à la page 26 du livre *[Titre]* de *[Nom]* paru en 2003.

... widerspricht dem völlig.	... contredit ceci totalement.
Im Gegensatz zu dem, was *[Name]* in seinem Aufsatz *[Titel]* behauptet, ...	Contrairement à ce qu'affirme *[Nom]* dans son essai *[Titre]* ...
Hiermit darf die These von *[Name]* als widerlegt gelten.	Après cela, on peut considérer que la thèse de *[Nom]* est réfutée.
Das ist eine unbelegte Behauptung, die von *[Name]* in den Medien immer wieder verbreitet wird.	C'est une affirmation non prouvée que *[Nom]* fait circuler sans cesse dans les médias.
Wie die Ministerin verlautbaren ließ, ...	Comme la ministre l'a annoncé, ...
Grundlage für meine Überlegungen sind folgende Autoren: ...	J'ai fondé mes réflexions sur les auteurs suivants: ...
Ich stütze mich hierbei auf ...	Ici, je m'appuie sur ...
Die wichtigste Quelle für meine Präsentation ist ...	La principale source de mon exposé est ...
Als Quelle für meine Präsentation diente ...	L'une des sources de mon exposé a été ...
Die Statistiken wurden von ... erstellt.	Les statistiques ont été calculées par ...
An dieser Stelle möchte ich auf die Untersuchung von *[Name]* hinweisen.	Je voudrais ici faire allusion à l'expérience de *[Nom]*.

Auf einen vorhergehenden Punkt verweisen
Renvoyer à un point précédent

18

Hier kann eine Parallele zu ... festgestellt werden.	On peut faire le parallèle d'ici et de ...
Dies erinnert an den vorherigen Punkt, der sich mit ... beschäftigte.	Ceci rappelle le point précédent qui traitait de ...
Wie ich bereits erwähnte, ...	Comme je l'ai mentionné précédemment ...
Wie ich zu Beginn meiner Präsentation sagte, ...	Comme je le disais au début de mon exposé ...
Dieser Punkt ist zu Anfang schon einmal diskutiert worden.	Ce point a déjà été discuté au début.
Um nochmals auf ... zurückzukommen: ...	Pour en revenir encore une fois à ...
Ich möchte noch einmal auf meine These vom Anfang zurückkommen.	Je voudrais revenir encore une fois à ma thèse initiale.
Und jetzt werden die anfangs erwähnten Daten wieder wichtig.	Et c'est maintenant que les données mentionnées au début reprennent leur importance.

Das scheint im Gegensatz zu den vorherigen Daten / meiner eingangs genannten These zu stehen.	Cela semble être en contradiction avec les données précédentes / ma thèse initiale.
Vielleicht fragen Sie sich /fragt ihr euch gerade, hat er / sie nicht gerade etwas ganz anderes behauptet?	Peut-être êtes-vous en train de vous demander : Ne vient-il / vient-elle pas d'affirmer quelque chose de tout à fait différent ?
Ich kann Ihnen / euch versichern, dass dies kein Widerspruch zu ... ist.	Je peux vous assurer que ce n'est pas en contradiction avec ...
Im Lichte dieser Daten kann die Eingangshypothese nicht aufrechterhalten werden.	Vu ces données, il est impossible de maintenir l'hypothèse initiale.
Dies spricht für die anfangs aufgestellte These.	Ceci parle en la faveur de la thèse de départ.
Damit ist unsere These bewiesen.	Cela prouve que notre théorie est correcte.

Die Hauptpunkte zusammenfassen
Résumer les points principaux

19

Lassen Sie / Lasst mich das Wesentliche noch einmal zusammenfassen.	Permettez-moi de résumer encore une fois l'essentiel.
Ganz wesentlich / wichtig ist hier ...	Ce qui est essentiel / important ici, c'est ...
Zusammenfassend lässt sich sagen, ...	En résumé, on peut dire ...
Abschließend möchte ich ...	En conclusion, je voudrais ...
Nach sorgfältiger Abwägung der Argumente ...	Après avoir soupesé soigneusement tous les arguments ...
Ich komme zu folgendem Schluss: ...	J'en tire la conclusion suivante: ...
Ich ziehe folgende Schlussfolgerungen / folgendes Fazit: ...	J'en tire les conclusions suivantes / Je dresse le bilan suivant: ...
Als Konsequenz aus meinen Ausführungen ergibt sich für mich, ...	Pour ma part, je tire comme conséquence de mon exposé ...
Für mich hat sich deutlich herauskristallisiert, dass ...	Pour moi, il est ressorti nettement que...
Lassen Sie / Lasst mich nun zu einer Bewertung kommen.	Permettez-moi de faire une évaluation.

Die Präsentation beenden
Conclure l'exposé

20

Ich bedanke mich für Ihre / eure Aufmerksamkeit.	Je vous remercie de votre attention.
Auch im Namen meiner Kollegen ...	Également au nom de mes collègues ...
Vielen Dank fürs Zuhören.	Merci de m'avoir écouté(e).
Damit bin ich am Ende meines Vortrages angekommen.	Me voici arrivé(e) à la fin de mon exposé.
Ich hoffe, das war hilfreich.	J'espère que cela aura été utile.
Ich hoffe,	J'espère
dass Sie / ihr am Ende dieser Präsentation Indien / Kennedy mit anderen Augen sehen / seht.	qu'après cet exposé, vous verrez l'Inde / Kennedy d'un autre œil.
etwas zur Klärung dieses Sachverhalts beigetragen zu haben.	avoir contribué à quelques éclaircissements sur ce fait.

dass ich eine neue Sichtweise auf ... vermitteln konnte.	avoir pu vous transmettre une vue différente des choses.
dass ich euch dieses Thema unter einem neuen Blickwinkel präsentieren konnte.	vous avoir présenté ce sujet sous un angle nouveau.
Ihnen / euch Denkanstöße / Diskussionsstoff geliefert zu haben.	vous avoir donné des pistes de réflexion / vous avoir apporté matière à discussion.

Fragen anregen
Inciter à poser des questions

21

Für Fragen stehe ich gerne zur Verfügung.	Je me tiens à votre disposition si vous avez des questions.
Falls es Fragen gibt, können Sie / könnt ihr sie jederzeit / im Anschluss stellen.	Si vous avez des questions, vous pouvez les poser à tout moment / à la fin.
Hiermit möchte ich die Diskussion / das Plenum eröffnen.	Sur ce, je voudrais ouvrir la discussion / le débat.
Gibt es dazu Fragen?	Est-ce qu'il y a des questions ?
Ist noch etwas unklar?	Est-ce que tout est clair ?
Bitte scheuen Sie sich / scheut euch nicht zu fragen.	Je vous en prie, n'hésitez pas à poser des questions.
Eine ausführlichere Beantwortung der Frage würde etwas zu weit führen.	Une réponse détaillée à cette question nous mènerait trop loin.
Wenn ihr euch näher mit diesem Thema beschäftigen wollt, kann ich euch folgende Literatur empfehlen:	Si vous désirez approfondir le sujet, je peux vous conseiller la littérature suivante :
Diese Frage würde ich gerne ins Plenum zurückgeben.	Je voudrais lancer cette question au public.

IV. Thematische Wortschätze

A

abdiquer *abdanken*
abolir *abschaffen*
s'abstenir *sich (der Stimme) enthalten*
abstention *f Stimmenthaltung*
adhérent(e) *m(f) (Partei)mitglied*
affiliation *f* **(à un parti)** *(Partei)mitgliedschaft*
aile gauche / droite *linker / rechter Flügel*
alliance *f Bündnis*
Alsacien(ne) *m(f) Elsässer(in)*
amendement[1] *m Abänderungsantrag (zu einem Gesetz)*
amendement[2] *m Zusatzartikel (zur Verfassung)*
anti-européen(ne) *anti-europäisch, europafeindlich*
appliquer *anwenden*
approuver *billigen*
arme *f Waffe*
arme conventionnelle – konventionelle Waffe
arme nucléaire – Atomwaffe
armement *m Rüstung; Bewaffnung, Waffen*
armistice *m Waffenstillstand*
assaut *m Angriff, Sturm*
Assemblée nationale *Nationalversammlung (entspricht in etwa dem Bundestag)*
association *f Verein, Vereinigung*
attaquer *angreifen*
attentat *m Attentat*
attentat à la bombe – Bombenanschlag
attentat suicide – Selbstmordattentat
autonomie *f Eigenständigkeit, Autonomie*
autoritaire *autoritär*
autorité *f Behörde*

B

ballotage *m Stichwahl*
base *f (Partei)basis*
Basque *mf Baske (Baskin)*
bataille *f Schlacht*
champ m de bataille – Schlachtfeld
blesser *verletzen*
bombardement *m Bombardierung, Bombenangriff*
bombe *f Bombe*
bombe atomique – Atombombe
bombe lacrymogène – Tränengas
Breton(ne) *m(f) Bretone (Bretonin)*
budget *m Haushalt; Etat, Haushaltsplan*
équilibrer le budget – den Haushalt ausgleichen
bulletin *m* **(de vote)** *Stimmzettel*
bureau *m* **de vote** *Wahllokal*

C

cabinet *m Kabinett*
campagne électorale *Wahlkampf*
candidat(e) *m(f) Kandidat(in)*
candidat sortant – bisheriger Mandatsträger bisherige Mandatsträgerin
se porter candidat (pour) – kandidieren (für)
canon *m Kanone*
capitalisme *m Kapitalismus*
capitulation *f Kapitulation*
caserne *f Kaserne*
Catalan(e) *m(f) Katalan(in)*
censurer *zensieren*
centraliser *zentralisieren*
centre *m Mitte, Zentrum*
chambre *f Kammer*
chancelier, -ière (fédéral(e)) *Bundeskanzler(in)*
char *m Panzer*
chef *m* **de l'État** *Staatsoberhaupt*
circonscription électorale *Wahlkreis*
citoyen(ne) *m(f) (Staats)bürger(in)*
civil(e) *zivil, bürgerlich*
cohabitation *f Kohabitation (gemeinsame Regierung eines Staatspräsidenten und eines Premierministers aus verschiedenen Lagern)*
comité *m Ausschuss*
comité d'action (de citoyens) – Bürgerinitiative
commission *f Kommission, Ausschuss*
communisme *m Kommunismus*

communiste *mf Kommunist(in)*
communiste *kommunistisch*
compte rendu *m Protokoll*
confédération *f Staatenbund*
conflit *m Konflikt*
congrès *m Parteitag*
conseil *m Rat*
Conseil général – oberstes Exekutivorgan eines Departements
Conseil municipal – Stadtrat, Gemeinderat
Conseil régional – Regionalrat
conseil *m* **des ministres** *Ministerrat*
conseiller, -ère *m, f Ratsmitglied; Berater(in)*
conseiller municipal – Gemeinderat
constitution *f Verfassung*
constitutionnel(le) *verfassungsgemäß*
Corse *mf Korse (Korsin)*
couvre-feu *m* **<-x>** *Ausgangssperre*

D

débat *m Debatte*
les débats – Debatte
débattre (de) *debattieren, beraten*
décentralisation *f Dezentralisierung*
décret *m (Rechts)verordnung*
démission *f Rücktritt*
donner sa démission – zurücktreten
démissionner *zurücktreten*
démocratie *f Demokratie*
département *m Departement (einer der 95 Verwaltungsbezirke in Frankreich)*
départemental(e) *zum Departement gehörig, Departements-*
député(e) *m(f) Abgeordnete(r)*
désarmement *m Abrüstung*
dirigeant(e) *m(f) führende Person*
dirigeant(e) du parti – Parteiführer(in)
diriger *führen*
discours *m Rede*
prononcer un discours – eine Rede halten
disposer de *verfügen über*
dissolution *f Auflösung*
prononcer la dissolution de l'Assemblée nationale – die Nationalversammlung auflösen
dissoudre *auflösen*
DOM-TOM (= départements et territoires d'outre-mer) *m überseeische Departements und Gebiete*
drapeau *m Fahne*
drapeau tricolore – Trikolore (die französische Flagge)
droit *m Recht*
droit de veto / vote – Vetorecht / Wahlrecht
droits de l'homme – Menschenrechte
droits fondamentaux – Grundrechte

E

égalité *f Gleichheit*
électeur, -trice *m, f Wähler(in)*
élection *f Wahl*
élection présidentielle – Präsidentschaftswahl
élections européennes – Europawahl(en)
élections législatives – Parlamentswahlen
électoral(e) *Wähler-, Wahl-*
liste électorale – Wählerliste, -verzeichnis
victoire / défaite électorale – Wahlsieg / -niederlage
programme électoral – Wahlprogramm
électorat *m Wählerschaft*
électorat de base – Stammwählerschaft
élire *wählen*
émeute *f Aufruhr*
empereur *m Kaiser*
s'engager *sich (freiwillig) verpflichten*
ennemi(e) *m(f) Feind(in)*
établir *festlegen, einrichten*
État *m Staat*
État fédéral – Bundesstaat
État policier – Polizeistaat
état *m* **d'urgence** *Ausnahmezustand*
expulser *des Landes verweisen*
extrême droite *f Rechtsextremisten*
extrémistes *mpl* **de droite** *Rechtsradikale / -extremisten*

F

fascisme *m Faschismus*

favorable *günstig*

être favorable à qc / qn – etw befürworten, jdm wohlgesinnt sein

favori(te) *m(f) Favorit(in)*

fédération *f Zusammenschluss, Föderation*

femme *f* **soldat** *Soldatin*

Flamand(e) *m(f) Flame, Flämin*

FN (= Front National) *m französische rechtsextremistische Partei*

fonctions *fpl amtliche Tätigkeit*

démettre qn de ses fonctions – jdn seines Amtes entheben

titulaire mf (d'une fonction) – Amtsinhaber(in)

forces armées *Streitkräfte*

fraternité *f Brüderlichkeit*

fraude *f Betrug*

fuir *fliehen*

G

garder *behalten, erhalten*

gaulliste *gaullistisch*

général *m* **<-aux>** *General*

gérer *verwalten*

gouvernement *m Regierung*

gouvernement fédéral – Bundesregierung

groupuscule *m Splitterpartei*

guerre *f Krieg*

déclarer la guerre – den Krieg erklären

guerre civile – Bürgerkrieg

guerre en Irak – Irakkrieg

H

Hôtel *m* **Matignon** *Amtssitz des Premierministers*

I

impératrice *f Kaiserin*

indépendance *f Unabhängigkeit*

instaurer *einführen, einsetzen*

institution *f Einrichtung, Institution*

insurrection *f Aufstand*

investiture *f Investitur, Amtseinsetzung*

L

laïc, -que *m, f weltlich, religiös unabhängig*

leader *m Führer(in)*

leader de l'opposition – Oppositionsführer(in)

légal(e) *rechtmäßig*

libéral(e) <-aux> *liberal*

libéralisme *m Liberalismus*

liberté *f Freiheit*

liberté d'expression – freie Meinungsäußerung

loi *f Gesetz*

promulguer / adopter une loi – ein Gesetz erlassen / verabschieden

voter une loi – ein Gesetz beschließen

projet m de loi – Gesetzesentwurf, Gesetzesvorlage

lutter pour *kämpfen um*

M

maire *mf Bürgermeister(in)*

majorité *f Mehrheit*

majorité absolue – absolute Mehrheit

mandat *m Amtszeit*

législature f d'un mandat – Legislaturperiode, Amtszeit

manifester *äußern, kundgeben; demonstrieren*

marine *f Marine*

mécontent(e) *unzufrieden*

membre *m Mitglied*

membre d'un parti – (Partei)mitglied

membre du Parlement – (Parlaments)abgeordnete(r)

membre d'un lobby – Lobbyist(in)

mesure *f Maßnahme*

mettre en vigueur *in Kraft setzen*

militant(e)[1] *m(f) aktives Mitglied*

militant(e)[2] *politisch aktiv*

militer *(politisch) aktiv sein*

ministère *m Ministerium*

ministère de l'Éducation nationale – Kultusministerium

ministère de l'Intérieur – Innenministerium

ministère des Affaires étrangères – Außenministerium

ministre *m(f) Minister(in)*

minorité *f Minderheit*

modéré(e) *gemäßigt*

monarchie *f Monarchie*
monarchie absolue – absolute Monarchie
monarchie constitutionnelle – konstitutionelle Monarchie

motion *f Antrag*
déposer / présenter une motion – einen Antrag stellen
motion de censure – Misstrauensantrag

N

nation *f Nation*

national(e) *national*
hymne national – Nationalhymne
emblème national – Wahrzeichen eines Staates

nationalisme *m Nationalismus*

nazisme *m Nazismus*

nomination *f Ernennung*

nommer *(er)nennen*

O

objecteur *m* **de conscience** *Kriegsdienst- / Wehrdienstverweigerer*

officier *m Offizier*

opposition *f Opposition*

organisation *f Organisation, Verband*

P

paix *f Frieden*

Palais *m* **de l'Élysée** *Amtssitz des Präsidenten*

Parlement *m Parlament*

parlementaire *parlamentarisch*
groupe m parlementaire – Fraktion

parole *f Wort*
laisser la parole à qn – jdm das Wort überlassen

parti *m Partei*
parti politique – politische Partei
adhérer à un parti – in eine Partei eintreten

partial(e) *parteiisch*

partisan(e) *m(f) Befürworter(in), Anhänger(in)*

patrie *f Vaterland*

patriotisme *m Patriotismus*

PC (= Parti Communiste) *französische kommunistische Partei*

pistolet *m Pistole*

plébiscite *m Volksabstimmung*

politicien(ne) *m(f) Politiker(in)*
éminent politicien – führender Politiker

politique *f Politik*
politique d'immigration – Ausländerpolitik

politique *politisch*
homme m politique – Politiker(in)

porte-parole *m Sprecher(in) (im Parlament)*
porte-parole de l'Assemblée nationale – Sprecher(in) der Nationalversammlung

pouvoir *m Macht*
pouvoir exécutif – ausführende Gewalt, Exekutive
pouvoir judiciaire – richterliche Gewalt, Judikative
pouvoir législatif – gesetzgebende Gewalt, Legislative

préfet, -ète *m, f Präfekt(in)*

Premier Ministre *m Premierminister*

se présenter à qc *für etw kandidieren*

présidence *f Amtszeit des Präsidenten*

Président(e) *m(f)* **de la République** *Staatspräsident(in) (Präsident(in) der französischen Republik)*

programme électoral *Wahlprogramm*

proposer *nominieren / vorschlagen*

Provençal(e) *m(f) Provenzale (Provenzalin)*

PS (= Parti Socialiste) *französische sozialistische Partei*

puissance *f Kraft, Macht*

Q

Quai *m* **d'Orsay** *Sitz des Außenministeriums*

question *f* **de confiance** *Vertrauensfrage*

quinquennat *m fünfjährige Amtszeit (des Staatspräsidenten)*

R

radical(e) <-aux> *radikal*

radicaux *mpl* **de droite** *Rechtsradikale / -extremisten*

se rallier à qn *sich jdm anschließen*

ratifier *ratifizieren*

référendum *m Referendum, Volksabstimmung*

réforme *f Reform*

régime *m Regierungsform*

régionalisation *f Regionalisierung*

reine *f Königin*

rejeter *ablehnen*

remaniement ministériel *Kabinetts-/ Regierungsumbildung*

se rendre *sich ergeben*

renverser *stürzen*

répartir *aufteilen, einteilen*

représentant(e) *m(f) Vertreter(in)*

république *f Republik*

requête *f* **des citoyens** *Bürgerbegehren*

résister *Widerstand leisten*

respecter *einhalten, beachten*

responsable de *verantwortlich für*

ressortissant(e) *m(f) Staatsbürger(in)*

revendiquer *fordern*

révolte *f Aufstand, Revolte*

roi *m König*

S

scrutin *m Wahl; Wahlstimmen*
scrutin proportionnel – Verhältniswahl
dépouillement m du scrutin – Stimmenauszählung

séance *f Sitzung*
être en séance – tagen, eine Sitzung abhalten

secrétaire *m(f)* **d'État** *Staatssekretär(in)*

Sénat *m Senat*

sénateur, -trice *m, f Senator(in)*

séparation *f* **des pouvoirs** *Gewaltenteilung*

séparatiste[1] *m(f) Separatist(in)*

séparatiste[2] *separatistisch*

service *m Amt; Dienststelle*
services secrets – Geheimdienst
service civil – Zivildienst

siège *m (Parlaments)sitz*

socialisme *m Sozialismus*

socialiste *m(f) Sozialist(in)*

socialiste *sozialistisch*

soldat *m Soldat*

sondage *m* **d'opinion** *Meinungsumfrage*
être en tête dans les sondages – in den Umfragen vorne liegen

sous-marin *m U-Boot*

sous-préfet, -ète *m, f Unterpräfekt(in) (≈ Landrat, -rätin)*

souveraineté *f Souveränität, Hoheitsrechte*

succéder à *nachfolgen auf*

successeur *m Nachfolger(in)*

suffrage *m Wahl (Stimmabgabe)*

système *m* **politique** *politisches System; Regime*

T

terrorisme *m Terrorismus*

terroriste[1] *mf Terrorist(in)*

terroriste[2] *terroristisch*
réseau m terroriste – Terrornetz

tirer *schießen*

tour *m* **(de scrutin)** *Wahlgang*
au 1er tour – im ersten Wahlgang

troubles *mpl Unruhen*

truquer *fälschen*

U

UMP (= Union pour la Majorité Présidentielle) *französische konservative Partei*

union *f Union*

urne *f Urne*
aller aux urnes – zur Wahl gehen

V

les Verts *mpl französische ökologische Partei*

veto *m Veto*
opposer son veto à une loi – gegen ein Gesetz sein Veto einlegen

vice-président(e) *m(f) Vizepräsident(in)*

voix *f Stimme*

vote *m Abstimmung; Wahl*
vote par correspondance – Briefwahl

voter *wählen*
voter socialiste – für die Sozialisten stimmen

Z

xénophobe *fremdenfeindlich*

Thematische Wortschätze

A

accroissement *m Zunahme*
s'accroître *wachsen, zunehmen, steigen*
adaptation *f Anpassung*
difficultés fpl d'adaptation – Anpassungsschwierigkeiten
adultère *m Ehebruch*
commettre un adultère – Ehebruch begehen
affection[1] *f Erkrankung*
affection cardiaque – Herzkrankheit
affection[2] *f Zuneigung*
agnosticisme *m Agnostizismus*
agresser *überfallen*
aide ménagère *Haushaltshilfe*
aisé(e) *wohlhabend*
alcoolique *mf Alkoholiker(in)*
alcoolisme *m Alkoholismus*
alimentation *f Ernährung*
alimentation saine – richtige Ernährung
mauvaise alimentation – falsche Ernährung
allergie *f Allergie*
allergique *allergisch*
alliance *f Ehering*
amant(e) *m Liebhaber(in); Geliebte(r)*
s'améliorer *sich (ver)bessern*
amour *m Liebe*
chagrin m d'amour – Liebeskummer
amourette *f Liebschaft*
amoureux, -euse *verliebt*
tomber amoureux de qn – sich in jdn verlieben
ancêtre *mf Vorfahr(in)*
appauvri *verarmt*
appauvrissement *m Verarmung*
apprendre *lernen, erfahren; beibringen*
arbre *m* **généalogique** *Stammbaum*
asile *m Asyl*
demandeur, -euse m, f d'asile – Asylbewerber(in)
demander asile – Asyl beantragen
accorder l'asile à qn – jdm Asyl gewähren
athée *mf Atheist(in)*
athéisme *m Atheismus*
attraction *f Anziehungskraft*
augmentation *f Steigerung, Erhöhung*
autel *m Altar*
aventure *f (Liebes)affäre*
avortement *m Abtreibung*
avorter *abtreiben*

B

bac(calauréat) *m Abi(tur)*
bagarre *f Prügelei, Schlägerei*
banlieue *f Vorort, Vorstadt*
baptême *m Taufe*
baptiser *taufen*
battre *schlagen*
se battre *kämpfen; sich prügeln*
besoins fondamentaux *Grundbedürfnisse*
beur, -ette *m, f in Frankreich geborenes Kind maghrebinischer Einwanderer*
Bible *f Bibel*
bidonville *m Slum; Elendsviertel*
bigamie *f Bigamie*
bise *f Wangenkuss*
blanchiment *m* **de l'argent** *Geldwäsche*
bouddhisme *m Buddhismus*
bourgeois(e) *m(f) Bürger(in)*
bourgeoisie *f Bürgertum*
bourse *f Stipendium*
bûcher *(fam) büffeln (fam)*
bulletin *m* **scolaire** *Zeugnis*
buveur, -euse *m, f Säufer(in)*

C

calmant *m Beruhigungsmittel*
calomnie *f Verleumdung*
cambriolage *m Einbruch*
cancer *m Krebs*
carte *f* **de séjour** *Aufenthaltserlaubnis*
cascher *koscher*
catholique[1] *katholisch*
catholique[2] *m(f) Katholik(in)*
célibataire[1] *ledig*
célibataire[2] *mf Junggeselle (Junggesellin)*
chantage *m Erpressung*
chauvinisme *m Chauvinismus*
chômage *m Arbeitslosigkeit*

chômeur, -euse *m, f Arbeitslose(r)*

chrétien(ne)[1] *m(f) Christ(in)*

chrétien(ne)[2] *christlich*

christianisme *m Christentum*

chronique *chronisch*

citadin(e) *m(f) Stadtbewohner(in)*

citoyen(ne) *m(f) Staatsbürger(in)*

classe *f Klasse, Schicht*
classe sociale – Gesellschaftsschicht
classe ouvrière – Arbeiterklasse
classe moyenne – Mittelstand

clean *(fam) clean*

clergé *m Klerus*

clochard(e) *m(f) Penner(in)*

cocaïne *f Kokain*

collège *m weiterführende Schule (für 11-15-Jährige)*

colocataire *mf Mitbewohner(in)*

colocation *f Wohngemeinschaft*

compagnon, -pagne *m, f Lebensgefährte, -tin*

compatriote *mf Landsmann, -männin*

se comporter *sich benehmen*

conditions *fpl* **de vie** *Lebensbedingungen*

confession[1] *f Konfession, Glaubensgemeinschaft*

confession[2] *f Beichte*

conjugal(e) *ehelich*

connaissance *f Bekannte(r)*

constipation *f Verstopfung*

contraception *f Empfängnisverhütung*

se convertir *konvertieren*

conviction *f Überzeugung*

Coran *m Koran*

corruption *f Bestechung*

couleur *f Farbe*
gens mpl de couleur – Farbige

cours *m Seminar, Unterricht*
suivre un cours – einen Kurs besuchen
prendre des cours particuliers – Nachhilfe nehmen

cours magistral *Vorlesung*

cousin(e) *m(f) Cousin(e)*

crack *m Crack*

créateur *m Schöpfer*

crime *m Verbrechen, Straftat*

criminalité *f Kriminalität*

criminel(le)[1] *m(f) Verbrecher(in)*

criminel(le)[2] *kriminell*

croire *glauben*

croix *f Kreuz*

culte *m Gottesdienst*

culture *f Kultur*
entre deux cultures – zwischen den Kulturen

D

décès *m Todesfall*

défavorisé(e) *benachteiligt*

se défendre *sich zur Wehr setzen*

délinquance *f Kriminalität*

demander pardon à *jdn um Verzeihung bitten*

démuni(e) *mittellos*

déracinement *mf Entwurzelung*

déranger *stören*

désespoir *m Verzweiflung, Hoffnungslosigkeit*

désintoxiquer *entwöhnen*

détournement *m* **(d'un avion)** *Flugzeugentführung*

détresse *f Not*

devoir *m Hausaufgabe; Klassenarbeit*

diabète *m Diabetes, Zuckerkrankheit*

diable *m Teufel*

dieu *m Gott*

discrimination *f Diskriminierung*

discriminer *diskriminieren*

dispute *f Streit*

se disputer *streiten*

divin *göttlich*

divinité *f Gottheit; Göttlichkeit*

divorce *m Scheidung*

divorcer *sich scheiden lassen*

doctrine *f Lehre, Grundsatz*

dogme *m Dogma*

don *m Spende*
faire don de – spenden

dose *f Dosis*

drague *f Anmache (fam)*

draguer *anmachen*

drogue *f Droge, Rauschgift*
abus m de drogues – Drogenmissbrauch
trafic m de la drogue – Drogenhandel

se droguer *Drogen nehmen*

droit *m* **de garde** *Sorgerecht*

E

écart *m* **de salaire** *Gehaltsunterschied*

école *f Schule*
Grande école – spezialisierte Elitehochschule

école maternelle *Kindergarten; Vorschule*

école *f* **primaire** *Grundschule (für 6-11-Jährige)*

s'écrouler *zusammenbrechen*

éducateur, -trice *m, f Erzieher(in)*

s'effondrer *zusammenbrechen*

égalité *f Gleichheit*

église *f Kirche*

élève *mf Schüler(in)*

s'embrasser *sich küssen; sich umarmen*

émeute *f Ausschreitung*
émeutes dans les banlieues françaises – Unruhen in Frankreich (im Herbst 2005)

émigration *f Auswanderung*

émigré(e) *m(f) Auswanderer, -derin*

emploi *m Beschäftigung*

employer *beschäftigen*

ENA (= École nationale d'administration) *f Elitehochschule zur Ausbildung der hohen Verwaltungsbeamten*

enceinte *schwanger*

enfer *m Hölle*

enlèvement *m Entführung*

s'enrichir *sich bereichern*

enseignant(e) *m(f) Lehrer(in)*

enseignement *m Unterricht*
enseignement secondaire – Unterricht an einer weiterführenden Schule
enseignement supérieur – Unterricht an der Universität
programme m d'enseignement – Lehrplan

enseigner *unterrichten, lehren; beibringen*

enterrement *m Beerdigung*

entraide *f gegenseitige Hilfe*

épouser *heiraten*

époux, -se *m, f Ehemann, -frau*

épreuve *f Prüfung*

escroquerie *f Betrug*

espérance *f* **de vie** *Lebenserwartung*

état *m* **de manque** *Entzug*

état *m* **d'urgence** *Ausnahmezustand*

État-providence *m Wohlfahrtsstaat*

ethnie *f Sprach-, Kulturgemeinschaft*

ethnique *ethnisch*
minorité f ethnique – ethnische Minderheit

étranger, -ère *m, f Ausländer(in)*

étrangler *erwürgen, erdrosseln*

étudier *studieren*

évêque *m Bischof*

examen *m Prüfung, Examen*

exclusion *f Ausgrenzung, Ausschluss*

explosion *f Explosion*
explosion démographique – Bevölkerungsexplosion

expulser *zur Räumung zwingen*

F

fac *f (fam) Uni (fam)*

faim *f Hunger*

faire des études *studieren*

famille *f Familie, Verwandte*
famille nombreuse – kinderreiche Familie

féministe *feministisch*

femme *f Frau; Ehefrau*

femme *f* **au foyer** *Hausfrau*

fiançailles *fpl Verlobung*

fille *f Tochter*

fils *m Sohn*
foi *f Glaube*
formation *f Bildung; Ausbildung*
fortune *f Vermögen*
frapper *schlagen, hauen*
fraude *f Betrug*
frère *m Bruder*
demi-frère – Halbbruder, Stiefbruder

G

gens *mpl Leute*
gitan(e) *m(f) Zigeuner(in)*
grossesse *f Schwangerschaft*
interruption f de grossesse – Schwangerschaftsabbruch
guérir *heilen*

H

haschisch *m Haschisch*
hérésie *f Ketzerei*
hériter *erben*
héroïne *f Heroin*
hindouisme *m Hinduismus*
HLM (= habitation à loyer modéré) *f Sozialwohnung*
hold-up *m* **(d'une banque)** *Banküberfall*
homicide *m Totschlag*
hôte, -esse *m, f Gastgeber(in)*
hypothèque *f Hypothek*

I

illégitime *unehelich*
immigration *f Einwanderung*
immigré(e) *m(f) Einwanderer (Einwanderin)*
incendie *m Großbrand*
incendie criminel – Brandstiftung
indigent(e) *m Bedürftige(r)*
infernal(e) *höllisch*
infidèle *untreu*
infidélité *f Untreue*
injurier *beleidigen*
intégration *f Integration, Eingliederung*
intégrisme *m Fundamentalismus*
intégriste *mf Fundamentalist(in)*
islam *m Islam*
islamique *islamisch*
issu(e) de *stammend aus*
IVG (= interruption volontaire de grossesse) *f Schwangerschaftsabbruch*
ivre *betrunken*
ivresse *f Rausch*

J

jeunes *mpl Jugendliche*
joint *m (fam) Joint*
judaïsme *m Judentum*
juif[1], -ve *m, f Jude, Jüdin*
juif[2], -ve *jüdisch*
jumeau, -melle *m, f* **<-x, -s>** *Zwilling(e)*

L

laïcité *f Laizität (Trennung von Kirche und Staat)*
laïque *laizistisch, weltlich*
liberté *f* **du culte** *Religionsfreiheit*
logement *m Wohnung; Wohnraum*
marché m du logement – Wohnungsmarkt
LP (= Lycée professionnel) *m Fachoberschule*
lune *f* **de miel** *Flitterwochen*
lycée *m Gymnasium (für 15-18-Jährige)*

M

macho *m Macho, Chauvi (fam)*
Maghrébin(e) *m(f) Maghrebiner(in) (Nordafrikaner aus Tunesien, Algerien und Marokko)*
maison *f* **de retraite** *Altersheim*
maîtresse *f Geliebte*
mal *m Krankheit; Leiden*
malade *krank*
tomber malade – krank werden
maladie *f Krankheit*
en congé de maladie – krankgeschrieben
maligne *bösartig*
marge *f Rand*
vivre en marge de la société – am Rande der Gesellschaft leben
marginaux *mpl Außenseiter; Randgruppen*

mari *m Ehemann*

mariage *m Ehe; Hochzeit, Eheschließung, Trauung*

demande f en mariage – (Heirats)antrag

se marier avec *heiraten*

marijuana *f Marihuana*

martyre *m Märtyrertod*

matérialisme *m Materialismus*

maternité *f Mutterschaft*

matière *f (Unterrichts)fach*

matriarcat *m Matriarchat*

mégapole *f Riesenstadt*

melting-pot *m Schmelztiegel*

ménages *mpl Haushalte*

mendiant(e) *m(f) Bettler(in)*

mendicité *f Betteln*

mendier *betteln*

mentalité *f Mentalität, Denkweise*

meurtre *m Mord*

milieu *m Milieu*

minimum vital *Existenzminimum*

minorité *f Minderheit*

misère *f Elend*

misogynie *f Frauenfeindlichkeit*

MLF (= Mouvement de libération des femmes) *m französische Frauenbewegung*

moine *m Mönch*

monothéisme *m Monotheismus*

mortalité *f* **infantile** *Säuglingssterblichkeit*

mosquée *f Moschee*

multiculturel(e) *multikulturell*

musulman(e) *m(f) Moslem, (Muslimin)*

N

natalité *f Geburtenrate*

taux m de natalité – Geburtenrate

nationalisme *m Nationalismus*

nationaliste *nationalistisch*

neveu, nièce *m, f Neffe, Nichte*

nihilisme *m Nihilismus*

noce *f Hochzeit*

note *f Note*

O

obésité *f Fettsucht*

occulte *okkult*

oncle *m Onkel*

orthodoxe *orthodox*

otochtone *mf Einheimische(r)*

overdose *f Überdosis*

P

pacs (= pacte civil de solidarité) *m eheähnlicher Vertrag, der das Zusammenleben zweier (auch homosexueller) Personen regelt*

se pacser *einen ‚pacs'-Vertrag abschließen*

païen(ne) *m(f) Heide (Heidin)*

panthéisme *m Pantheismus*

pape *m Papst*

paradis *m Paradis*

parents *mpl Eltern*

parenté *f Verwandtschaft*

partisan(e) *m(f) Anhänger(in)*

passade *m One-Night-Stand*

passeur, -euse *m, f Menschenhändler(in)*

passionné(e) *leidenschaftlich*

patriarcat *m Patriarchat*

pauvre[1] *arm*

pauvre[2] *mf Arme(r)*

nouveau pauvre – aufgrund der wirtschaftlichen Bedingungen in Not Geratener

pauvreté *f Armut*

seuil m de pauvreté – Armutsgrenze

vivre au-dessous du seuil de pauvreté – unterhalb der Armutsgrenze leben

péché *m Sünde*

péché originel – Todsünde

pécher *sündigen*

pédophile *m Kinderschänder(in)*

pédophilie *f Kinderschändung*

pèlerin *m Pilger(in)*

pèlerinage *m Pilgerfahrt*

pension *f* **alimentaire** *Unterhalt(szahlung)*

persécution *f Verfolgung*

personnes âgées *Senioren, ältere Menschen*

perte *f* **des acquis sociaux** *Sozialabbau*

pied-noir *mf (fam) Algerienfranzose, -französin*

piété *f Frömmigkeit*

pieux, -se *fromm*

pilule *f* **d'ecstasy** *Ecstasypille*

plastiquer *in die Luft sprengen*

point chaud *Brennpunkt; Konfliktherd*

poli(e) *höflich*

politesse *f Höflichkeit*

polythéisme *m Polytheismus*

population *f Bevölkerung*
population active – erwerbstätige Bevölkerung

précaire *labil, unsicher*

prêcher *predigen*

préjugé *m Vorurteil*

prévention *f Verhütung*

prier *beten*

prière *f Gebet*

privation *f Entbehrung, Mangel*

professeur *mf Lehrer(in)*

protestant(e)[1] *m(f) Protestant(in)*

protestant(e)[2] *evangelisch, protestantisch*

protestantisme *m Protestantismus*

provenance *f Herkunft*

purgatoire *m Fegefeuer*

Q

quart-monde *m Vierte Welt (die Ärmsten der Armen)*

quota *m Quote*

R

rabbin *m Rabbi(ner)*

race *f Rasse*

racial(e) *Rassen-*
conflits raciaux – Rassenkrawalle

racisme *m Rassismus, Ausländerfeindlichkeit*

raciste *mf Rassist(in)*

raison *f Vernunft*

rapatriement *m Rückführung (von Flüchtlingen)*

rapport sexuel *Geschlechtsverkehr*

rasiste *rassistisch*

recensement *m Volkszählung*

récidiviste *mf Wiederholungstäter(in)*

réconciliation *f Versöhnung*

récréation *f Pause*

recyclage *m Umschulung*

recycler *umschulen*

rééducation *f Rehabilitation*
centre m de rééducation – Reha-Klinik

réduction *f Verringerung*

réfugié *m Flüchtling*
réfugié économique – Wirtschaftsflüchtling
réfugié politique – politischer Flüchtling

relation *f Beziehung; Bekannte(r)*

religion *f Religion*

rentrée *f Schulbeginn (nach den Ferien)*

réputation *f Ruf*

retraité(e) *m(f) Rentner(in)*

rhume *m* **des foins** *Heuschnupfen*

riche *reich*

richesse *f Reichtum*

RMI (= revenu minimum d'insertion) *m Mindesteinkommen*

S

sabbat *m Sabbat*

sans-abri, sans-logis *m Obdachlose(r)*

santé *f Gesundheit*
en bonne santé – gesund

scepticisme *m Glaubenszweifel*

sceptique *mf Skeptiker(in)*

SDF (= sans domicile fixe) *mf Obdachlose(r)*

se séparer *sich trennen*

secte *f Sekte*

séduction *f Verführung*

séduire *verführen*

Seigneur *m Herr*

séparation *f Trennung*

séquelles *fpl Folgeerscheinungen*
sermon *m Predigt*
seul(e) *allein, allein stehend*
sexe *m Geschlecht*
sexisme *m Sexismus*
sexiste *sexistisch*
sida (= syndrome immuno-déficitaire acquis) *mf Aids*
sidaïque[1] *mf Aidskranke(r)*
sidaïque[2] *aidskrank*
signe religieux *religiöses Zeichen*
interdire le port de signes religieux ostensibles – das Tragen größerer religiöser Zeichen verbieten
SMIC (= salaire minimum interprofessionnel de croissance) *m garantierter Mindestlohn*
social(e) *sozial*
couche sociale – Gesellschaftsschicht
société *f Gesellschaft*
société d'abondance – Überflussgesellschaft
société de consommation – Konsumgesellschaft
société multiculturelle – multikulturelle Gesellschaft
sociologie *f Soziologie*
sociologique *soziologisch*
sœur *f Schwester*
soins *mpl* **à domicile** *häusliche Krankenpflege*
solidaire *solidarisch*
solidarité *f Solidarität*
solitude *f Einsamkeit*
sortir avec qn *mit jdm gehen*
souffrance *f Leid*
soûl(e) *m(f) (fam) betrunken*
soupirant(e) *m(f) Verehrer(in)*
stimulant *m Aufputschmittel*
stupéfiant *m Rauschgift*
superstition *f Aberglaube*
synagogue *f Synagoge*

T

Talmud *m Talmud*
tante *f Tante*
théologie *f Theologie*
tiers-monde *m Dritte Welt*
tombe *f Grab*
toxicomanie *f Drogensucht*
troisième âge *m Seniorenalter; Senioren*
tuberculose *f Tuberkulose*
tutoyer *duzen*

U

université *f Universität*
université du troisième âge – Kurse für Senioren
urbanisation *f Verstädterung*

V

vacances *fpl Ferien*
vandalisme *m Vandalismus*
veuf, -ve *m, f Witwer, Witwe*
victime *f Opfer*
vieillissement *m Überalterung*
vierge *f Jungfrau*
vigilance *f Wachsamkeit*
vigilant(e) *wachsam*
villageois(e) *m(f) Dorfbewohner(in)*
viol *m Vergewaltigung*
violence *f Gewalt*
violent(e) *gewalttätig*
virginité *f Jungfräulichkeit*
voile *m Schleier*
affaires du voile islamique – Kopftuchstreit
vol *m Diebstahl*
vol à la tire – Taschendiebstahl
voler *stehlen*
vouvoyer *siezen*

Z

xénophobe *ausländerfeindlich*
xénophobie *f Fremdenfeindlichkeit*

Thematische Wortschätze

A

accélérer *beschleunigen*

accroître *vergrößern, erweitern*

acquérir *erwerben*

actif, -ive *erwerbstätig*
population active – arbeitende Bevölkerung

action *f Aktie*

activité (professionnelle) *Berufstätigkeit*
activité annexe – Nebentätigkeit

s'adapter à *sich anpassen an*

affaires *fpl Geschäfte*
rendez-vous m d'affaires – geschäftlicher Termin

agriculture *f Landwirtschaft*

aide sociale *Sozialhilfe*

allocation *f Beihilfe*
allocations de chômage – Arbeitslosengeld
allocations familiales – Kindergeld

altermondialisme *m Altermondialismus, Andere Globalisierung (Pro-Globalisierungsbewegung, die aber demokratische Prinzipien, ökonomische Gerechtigkeit, Umweltschutz und Menschenrechte an erste Stelle setzt)*

amortissement *m Abschreibung*

ANPE (= Agence nationale pour l'emploi) *f ≈ Bundesagentur für Arbeit, Arbeitsamt*

argent *m Geld*
gagner de l'argent – Geld verdienen
dépenser de l'argent – Geld ausgeben
prêter de l'argent à qn – jdm Geld leihen

article *m Artikel; Ware*

artisanat *m Handwerk*

assurance *f Versicherung*

augmentation *f* **(de salaire)** *Gehaltserhöhung*

austérité *f Sparpolitik*

B

baisse *f Rückgang*

balance *f Bilanz*

banque *f Bank*

bénéfice *m Gewinn*

biens *mpl Waren*

bilan *m Bilanz*

billet *m Banknote*
distributeur m (automatique) de billets – Geldautomat

boom *m Boom*
boom économique – wirtschaftlicher Aufschwung

boulot *m (fam) Job*
petit boulot – Ferienjob

Bourse *f Börse*

boycottage *m Boykott*

boycotter *boykottieren*

branche *f Branche; Zweig*

budget *m Haushalt*

budgétaire *Haushalts-*
combler le déficit budgétaire – das Haushaltsdefizit ausgleichen

bureau *m Büro*

C

cadre *mf Führungskraft, leitende(r) Angestellte(r)*

candidat(e) *m(f) Bewerber(in)*

candidature *f Bewerbung*
poser sa candidature – sich bewerben

capital *m Kapital*
constituer du capital – Kapital bilden

capitaliste *kapitalistisch*

cartel *m Kartell*

CDI (= contrat à durée indéterminée) *m unbefristetes Arbeitsverhältnis*

chaîne *f* **(de montage)** *Fließband*

chef *m* **d'entreprise** *Firmenchef*

chiffre *m* **d'affaires** *Umsatz*

chômage *m Arbeitslosigkeit*

chômeur, -euse *m, f Arbeitslose(r)*
chômeur de longue durée – Langzeitarbeitsloser

chute *f Fall, Sturz*

clientèle *f Kundschaft*

collectif, -tive *gemeinsam, kollektiv*

collègue *mf Kollege (Kollegin)*

commande *f Auftrag*
passer une commande à une firme – einer Firma einen Auftrag erteilen

commerce *m Handel*
commerce de gros – Großhandel
commerce de détail – Einzelhandel

commercial(e) *Handels-*
barrières commerciales – Handelsschranken
français commercial – Handelsfranzösisch

compagnie *f Gesellschaft*

compenser *ausgleichen*

compétitif, -ive *wettbewerbsfähig*

compétitivité *f Konkurrenzfähigkeit*

compte *m Konto*

concurrence *f Konkurrenz*
libre concurrence – freier Wettbewerb
concurrence déloyale – unlauterer Wettbewerb

congé *m Urlaub*
congé parental – Erziehungsurlaub, Elternzeit
congé de maternité – Mutterschaftsurlaub
être en congé (de) maladie – krankgeschrieben sein

conjoncture *f Konjunktur*

consommateur, -trice *m, f Verbraucher(in)*

consommation *f Verbrauch, Konsum*

constant(e) *gleichbleibend, konstant*

construire *herstellen, bauen*

contrat *m Vertrag*
contrat de travail – Arbeitsvertrag
contrat à durée déterminée – befristetes Arbeitsverhältnis

contrôle *m* **de l'État** *staatliche Regulierung*

coût *m* **de la vie** *Lebenshaltungskosten*

coûteux, -euse *teuer*

crédit *m Kredit*

créneau *m Marktlücke*

crise *f Krise*

croissance *f Wachstum*
croissance démographique – Bevölkerungswachstum
croissance économique – Wirtschaftswachstum

croissance *f* **zéro** *Nullwachstum*

CV (= curriculum vitae) *m Lebenslauf*

D

débouché *m Absatzmarkt*

débouchés *mpl Berufsaussichten*

déclin *m (wirtschaftlicher) Niedergang*

déficit *m Defizit*

déficitaire *defizitär; passiv*

déflation *f Deflation*

délocalisation *f Auslagerung (ins Ausland)*

demande *f Nachfrage*

dépense *f Ausgabe*

dépôt *m Lager*

détaillant(e) *m(f) Einzelhändler(in)*

dettes *fpl Schulden*

dévaluation *f Abwertung*

développement *m Entwicklung*

devise *f Devise*

direction *f Geschäftsleitung*

distribution *f Vertrieb*

domaine *m Gebiet, Branche*

dommages-intérêts *mpl Schadenersatz*

dynamique *dynamisch*

E

économie *f (Volks)wirtschaft*
économie (centrale) planifiée – (zentrale) Planwirtschaft
économie (sociale) de marché – (soziale) Marktwirtschaft

économique *wirtschaftlich, Wirtschafts-; ökonomisch*
crise économique – Wirtschaftskrise
espionnage économique – Industriespionage

économiser *sparen*

économiste *mf Wirtschaftswissenschaftler(in)*

emballage *m Verpackung*

embauche *f Einstellung, Anstellung*
entretien m d'embauche – Vorstellungsgespräch

emploi *m Beschäftigung, Arbeitsplatz*
demande f d'emploi – Stellengesuch
chercher un emploi – eine Arbeit suchen
être sans emploi – arbeitslos sein
perdre son emploi – seine Arbeit verlieren

employé(e) *m(f) Angestellte(r)*

entrepreneur, -euse *m, f Unternehmer(in)*
profit m d'entrepreneur – Unternehmergewinn

entreprise *f Unternehmen*
libre entreprise – freies Unternehmertum
entreprise familiale – Familienunternehmen

envoyer *versenden*

épargner *sparen*

équilibrer *ausgleichen*

espèces *fpl Bargeld*
payer en espèces – bar zahlen

essor *m Aufschwung*

excédentaire *überschüssig; aktiv*

expédition *f Sendung, Lieferung*

exportation *f Ausfuhr, Export*

exporter *exportieren*

expropriation *f Enteignung*

F

fabriquer *herstellen, fertigen*

faillite *f Konkurs*
faire faillite – Pleite gehen

financer *finanzieren*

financier, -ière *finanziell, Finanz-*

fiscal(e) *steuerlich*

florissant(e) *blühend, gut gehend*

FMI (= Fonds Monétaire International) *m Internationaler Währungsfonds*

foire *f Messe*

fournisseur, -euse *m, f Lieferant(in)*

frais *mpl Unkosten*

fusion *f Fusion*

G

gain *m Gewinn, Verdienst*

garantie *f Garantie*

gérant(e) *m(f) Geschäftsführer(in)*

G8 (= Gruppe des huit) *m G8*
sommet du G8 – G8-Gipfel(treffen)

grève *f Streik*
faire grève – streiken

gréviste *mf Streikende(r)*

grossiste *mf Großhändler(in)*

groupe *m Konzern*

H

harcèlement *m* **psychologique** *Mobbing*

hausse *f Steigerung*

heures *fpl* **supplémentaires** *Überstunden*

horaire *m* **flexible** *Gleitzeit*

I

importation *f Einfuhr, Import*

importer *importieren*

impôt *m Steuer*
payer des impôts – Steuern abführen
soumis(e) à l'impôt – steuerpflichtig
impôt sur le revenu – Einkommensteuer

industrialisation *f Industrialisierung*

inflation *f Inflation*
inflation rampante – schleichende Inflation
inflation galopante – galoppierende Inflation
taux m d'inflation – Inflationsrate

insolvable *zahlungsunfähig*

s'installer *sich niederlassen*

insuffisance *f Mangel*

intérêt *m Zins*

inventaire *m Inventar; Lagerbestand*

investir *investieren*

investissement *m Investition*

L

libre-échange *m Freihandel*

licenciement *m Entlassung*
indemnité f de licenciement – Abfindung

licencier *entlassen*

livraison *f Lieferung*

livrer *liefern*

lucratif, -ive *gewinnbringend*

M

machine *f Maschine*

main-d'œuvre *f Arbeitskräfte*
main-d'œuvre bon marché – Billigkräfte

marchand(e) *m(f) Händler(in)*

marchandise *f Ware*

marché *m Markt*
part f de marché – Marktanteil

marque *f Marke*

matière première *Rohstoff*

mécanisation *f Mechanisierung*
méfait *m Schaden, verheerende Folge*
mondial(e) *weltweit, Welt-*
mondialisation *f Globalisierung*
monnaie *f Währung; Kleingeld*
monopole *m Monopol*
moyenne *f Durchschnitt*

N

nationalisation *f Verstaatlichung*
niveau *m* **de vie** *Lebensstandard*

O

offre *f Angebot*
ouvrier, -ière *m, f Arbeiter(in)*

P

paralyser *lahm legen*
payer *(be)zahlen*
payer un acompte – Anzahlung leisten
payer en plusieurs versements – in Raten zahlen
pays *m Land*
pays industriel – Industrieland
pays en voie de développement – Entwicklungsland
pays émergents – Schwellenländer
perdre *verlieren*
personnel *m Personal, Mitarbeiter*
perte *f Verlust*
PIB (= produit intérieur brut) *m Bruttoinlandsprodukt*
pièce *f Münze*
placement *m Anlage*
PME (= petite et moyenne entreprise) *f mittelständisches Unternehmen, Mittelstand*
PNB (= produit national brut) *m Bruttosozialprodukt*
poste *m Stelle, Posten*
pouvoir *m* **d'achat** *Kaufkraft*
privatisation *f Privatisierung*
privé(e) *privat*
propriété privée – Privateigentum
prix *m Preis*
blocage m des prix – Preisstopp
producteur, -trice *m, f Hersteller(in), Erzeuger(in)*
production *f Produktion, Herstellung*
facteur m de production – Produktionsfaktor
productivité *f Produktivität*
produit *m Produkt*
produit brut – Rohprodukt
promotion *f Beförderung*
promouvoir *befördern*
propriétaire *mf Besitzer(in); Eigentümer(in)*
prospérité *f Wohlstand*
publicité *f Werbung*

Q

qualité *f Qualität*

R

rationnement *m Rationierung*
réaliser *verwirklichen*
récession *f Rezession*
réduction *f Abbau*
réduction des emplois – Abbau von Arbeitsplätzen
réévaluation *f Aufwertung*
relance *f Aufschwung*
rembourser *zurückzahlen, tilgen*
remise *f Rabatt; Erlass*
remise de dette – Schuldenerlass
rentable *rentabel*
restructurer *umstrukturieren*
retrait *m Abhebung*
retraite *f Ruhestand, Rente*
retraité(e) *m(f) Rentner(in)*
revenu *m Einkommen*
richesse *f Reichtum*
rigide *starr, unbeweglich*

S

SA (= société anonyme) *f Aktiengesellschaft*
salaire *m Lohn, Gehalt*
salarié(e) *m(f) Arbeitnehmer(in)*
SARL (= société à responsabilité limitée) *f GmbH*

secteur *m* **(économique)** *Sektor*
secteur primaire – primärer Sektor
secteur secondaire – Sekundärsektor
secteur tertiaire – Dienstleistungssektor, Tertiärsektor

services *mpl Dienstleistungen*

SMIC (= salaire minimum interprofessionnel de croissance) *m gesetzlicher Mindestlohn*

société *f Gesellschaft*

solvable *zahlungsfähig*

soustraitance *m Outsourcing*

stabilité *f Stabilität*

stage *m Praktikum*
faire un stage – ein Praktikum machen

stagnation *f Stagnation*

stagner *stagnieren*

subvention *f Subvention*

supérieur(e) *m(f) Vorgesetzte(r)*

supprimer *streichen*
supprimer des emplois – Stellen streichen

surpeuplé(e) *überbevölkert*

surplus *m Überschuss*

syndicaliste *mf Gewerkschaftler(in)*

syndicat *m Gewerkschaft*

T

taux *m* **de change** *Wechselkurs*

taxe *f Steuer*

tiers-monde *m Dritte Welt*

titre *m Wertpapier*

travail *m Arbeit*
travail intérimaire – Zeitarbeit
travail au noir – Schwarzarbeit

travailler *arbeiten*
travailler à mi-temps – halbtags / Teilzeit arbeiten
travailler à plein temps – ganztags / Vollzeit arbeiten

TVA (= taxe sur la valeur ajoutée) *f MwSt.*

U

usine *f Fabrik*

V

varier *variieren*

vendre *verkaufen*

venir à échéance *fällig werden*

vente *f Verkauf*

versement *m Einzahlung*

virement *m Überweisung*

VPC (= vente par correspondance) *f Versandhandel*

A

Abi-bac *m im bilingualen Zug abgelegtes deutsches und französisches Abitur*

abolition *f Abschaffung*

accent *m Akzent*

accord *m Abkommen, Vereinbarung*
accords de non-prolifération (des armes atomiques) – Atomwaffensperrvertrag

adhésion *f Beitritt*

aggresseur *m Angreifer(in); Aggressor*

aide *f Hilfe*
aide au développement – Entwicklungshilfe

alliance *f Bündnis; Allianz*

allié(e)[1] *m(f) Verbündete(r), Bündnispartner(in)*

allié(e)[2] *verbündet*
les forces alliées – die alliierten Streitkräfte (Amerikaner, Engländer, Franzosen)

ambassade *f Botschaft*

ambassadeur, -drice *m, f Botschafter(in)*

amitié *f Freundschaft*

antagonisme *m Gegensatz*

antagoniste[1] *mf Gegner(in)*

antagoniste[2] *gegensätzlich; gegnerisch*

B

baragouiner *radebrechen*

BCE (= Banque centrale européenne) *f EZB (Europäische Zentralbank)*

bilatéral(e) *beiderseitig, bilateral*

bilinguisme *m Bilinguismus*

bloc *m Block*
ancien bloc de l'Est – früherer Ostblock

C

CEE (= Communauté économique européenne) *f EWG (Europäische Wirtschaftsgemeinschaft)*

civiliser *zivilisieren*

collaboration *f Zusammenarbeit*

collaborer avec *zusammenarbeiten mit*

colonial(e) *Kolonial-*
période f coloniale – Kolonialzeit

colonialisation *f Kolonialisierung*

colonie *f Kolonie*

conférence *f Konferenz*

conflit *m Konflikt*

confrontation *f Konfrontation*

conseil *m Rat*
Conseil m de l'Union européenne – Rat der Europäischen Union
Conseil m de sécurité – Sicherheitsrat

consulat *m Konsulat*

contrôle douanier *Grenzkontrolle*
suppression f des contrôles douaniers – Abbau von Grenzkontrollen

coopération *f Zusammenarbeit*

crise *f Krise*
gestion f de crise – Krisenmanagement

D

décolonisation *f Entkolonialisierung*

défi *m Herausforderung*

délégation *f Delegation*

désaccord *m Uneinigkeit*

détente *f Entspannung*

dialecte *m Dialekt*

diplomate *mf Diplomat(in)*

diplomatie *f Diplomatie*

domination *f Herrschaft*

E

échange *m Austausch*

échec *m Scheitern*

élargissement *m Erweiterung*
élargissement de l'UE – EU-Erweiterung

ennemi *m Feind*
ennemis héréditaires – Erbfeinde

entente *f Einvernehmen, gegenseitiges Einverständnis*

entrecouper *unterbrechen*

entretien *m Gespräch*

envisager *beabsichtigen*

envoyé(e) *m(f) Gesandte(r)*

esclavage *m Sklaverei*

esclave *mf Sklave, Sklavin*

espion(ne) *m(f) Spion(in)*

espionnage *m Spionage*

état *m* **membre** *Mitgliedsstaat*

étranger *m Ausland*

étranger, -ère *Auslands-, ausländisch; fremd*

politique étrangère – Außenpolitik

européen(ne) *europäisch*

Parlement européen – Europäisches Parlament

Commission européenne – Europäische Kommission

F

filière *f* **bilingue** *bilingualer Zug*

franco-allemand(e) *deutsch-französisch*

francophonie *f Frankophonie (Gesamtheit der frankophonen Staaten)*

frontière *f Grenze*

G

guerre *f Krieg*

guerre en Irak – Irakkrieg

I

impérialiste *imperialistisch*

indépendance *f Unabhängigkeit*

ingérence *f Einmischung*

institution *f Institution*

international(e) *international*

organisation internationale – internationale Organisation

intervenir *eingreifen*

J

jumelage *m (Städte)partnerschaft*

L

langue *f Sprache*

langue maternelle – Muttersprache

langue familière – Alltagssprache

langue nationale – Landessprache

légation *f Gesandtschaft*

envoyé m spécial du président – Sonderbeauftragter des Präsidenten

lien *m Verbindung, Band*

litige *m Streit(igkeit)*

M

maîtriser *beherrschen*

malentendu *m Missverständnis*

se manifester *sich zeigen, zum Ausdruck kommen*

médiateur, -trice *m, f Vermittler(in)*

servir de médiateur dans un conflit – in einem Konflikt vermitteln

méfiance *f Misstrauen*

mission *f Mission*

missionnaire *missionarisch*

multilinguisme *m Vielsprachigkeit*

mutuel(le) *gegenseitig*

N

négociations *fpl Verhandlungen*

reprise f des négociations – neue Verhandlungsrunde

négocier sur *verhandeln über*

O

OFAJ (= Office Franco-Allemand pour la Jeunesse) *m DFJW (Deutsch-französisches Jugendwerk)*

OMS (= Organisation mondiale de la Santé) *f Weltgesundheitsorganisation*

ONG (= organisation non gouvernementale) *f NGO (nicht staatliche Organisation)*

ONU (= Organisation des Nations unies) *f UNO*

organe *m Gremium*

OTAN (= Organisation du traité de l'Atlantique Nord) *f NATO*

outre-mer *in Übersee; in den Überseedepartements*

outre-Rhin *jenseits des Rheins (häufige französische Bezeichnung für Deutschland)*

P

pacifique *friedlich*

paix *f Frieden*

forces fpl de maintien de la paix de l'ONU – UNO-Friedenstruppen

partenaire *mf Partner(in)*

passeport *m Reisepass*

pays *m Land*

pays voisin – Nachbarland

poignée *f* **de main** *Händedruck*

préjugé *m Vorurteil*

prononciation *f Aussprache*

puissance *f Macht*

grande puissance – Großmacht

puissant(e) *mächtig*

Q

querelle *f Auseinandersetzung, Streitigkeit*

R

rapport *m Beziehung*

établir les rapports amicaux – freundschaftliche Beziehungen aufbauen

rapports franco-allemands – deutsch-französische Bezieungen

rapprochement *m Annäherung*

réconciliation *f Versöhnung*

réconcilier *sich versöhnen*

se réconcilier avec qn – sich mit jdm versöhnen

reconnaître *anerkennen*

redressement *m Wiederaufbau*

relations *fpl Beziehungen*

relations internationales – internationale Beziehungen

relations diplomatiques – diplomatische Beziehungen

rencontre *f Treffen*

répercussion *f Auswirkung*

représailles *fpl Vergeltungsmaßnahmen*

résister à *Widerstand leisten*

ressortissant(e) *m(f) Staatsangehörige(r)*

ressortissants étrangers résidents en France – in Frankreich wohnhafte Ausländer

S

secret, -ète *geheim*

services secrets – Geheimdienst

secrétaire général(e) *Generalsekretär(in)*

signer *unterschreiben*

sommet *m Gipfel(treffen)*

souveraineté *f Souveränität*

subsister *fortbestehen, fortdauern*

surmonter *überwinden*

T

tenace *hartnäckig*

tendu(e) *angespannt*

territoire *m Gebiet*

territoire national – Hoheitsgebiet

territorial(e) *territorial, Gebiets-*

revendications territoriales – territoriale Ansprüche

traité *m Vertrag*

traité de l'Élysée – Élysée-Vertrag (am 22. Januar 1963 von Konrad Adenauer und Charles de Gaulles unterzeichneter deutsch-französischer Freundschaftsvertrag)

traité de paix – Friedensvertrag

traité des Noirs – Sklavenhandel

U

UE (= Union européenne) *f EU (Europäische Union)*

faire sa demande pour entrer dans l'UE – die EU-Mitgliedschaft beantragen

V

visa *m Visum*

Thematische Wortschätze

A

abaisser *senken, mindern*
abîmer *beschädigen, zerstören*
accident *m* **nucléaire majeur** *GAU (= größter anzunehmender Unfall)*
acide *säurehaltig*
actif, -ive *aktiv*
Volcan actif – aktiver Vulkan
agglomération *f Ballungsgebiet; Siedlung*
aggravation *f Verschlimmerung*
air *m Luft*
altitude *f Höhe*
amplitude *f Stärke (eines Erdbebens)*
anéantir *vernichten*
anhydride *m* **sulfureux** *Schwefeldioxid*
Antarctique *m Antarktis*
Arctique *m Arktis*
assainir *bessern, sanieren*
assécher *austrocknen, trockenlegen*
atmosphère *f Atmosphäre*
atmosphérique *atmosphärisch; Luft-*
pression f atmosphérique – Luftdruck
avalanche *f Lawine*
averse *f Regenschauer*

B

banlieue *f Vorortzone, Stadtrandgebiet*
banlieusard(e) *m(f) Vorortbewohner(in)*
déboisement *m Abholzung*
bidonville *m Elendsviertel, Slum*
biodégradable *biologisch abbaubar*
biodiversité *f Artenvielfalt*
biosphère *f Lebensraum*
bombe *f* **aérosol** *Spraydose*
bondé(e) *überfüllt*
bord *m Ufer*
bouteille *f* **consignée** *Mehrwegflasche*
bruine *f Sprühregen*
bruit *m Lärm*
bruit de la circulation – Verkehrslärm
brûler *(ver)brennen*
brume *f Dunst*

C

campagne *f Land*
canicule *f Hitzeperiode*
carbone *m Kohlenstoff*
cataclysme *m Naturkatastrophe*
catalyseur *m Katalysator*
catastrophe naturelle *Naturkatastrophe*
centrale *f Zentrale; Kraftwerk*
centrale nucléaire – Atomkraftwerk
centrale hydro-électrique – Wasserkraftwerk
CFC (= chloro-fluoro-carbone) *m FCKW*
chaleur *f Hitze*
vague f de chaleur – Hitzewelle
changement *m Veränderung*
changement *m* **climatique** *Klimawandel*
chaussée *f Fahrbahn*
citadin(e) *m(f) Stadtbewohner(in)*
climat *m Klima*
climat continental – Landklima
climat maritime – Seeklima
climat tropical – Tropenklima
climatique *klimatisch, Klima-*
zone f climatique – Klimazone
combustible *brennbar*
concevoir *ausdenken, planen*
conférence *f Konferenz*
conférence sur le climat – Klimakonferenz
conservation *f Erhaltung, Bewahrung*
consommation *f Verbrauch*
à faible consommation d'énergie – energiesparend
conteneur *m (Sammel)container*
côte *f Küste*
coupable *schuldig*
crue *f Hochwasser*
cyclone *m Wirbelsturm*

D

se débarrasser de *sich entledigen*
déboisement *m Abholzung*
déborder *über die Ufer treten*
décharge *f Müllkippe*
déchets *mpl Abfall*
déchets toxiques – Sondermüll, Giftmüll

déchetterie *f Müllsammelstelle*
déforestation *f Entwaldung*
dégel *m Tauwetter*
dégeler *auftauen*
dégradation *f Zerstörung*
dégradation de l'environnement – Umweltzerstörung
degré *m Grad*
degré de latitude – Breitengrad
degré de longitude – Längengrad
déluge *m Sintflut*
densité *f Dichte*
densité de population – Bevölkerungsdichte
déplacement *m Bewegung*
déplacement de population – Bevölkerungsbewegung
désert *m Wüste*
désertification *f Desertifikation, Wüstenbildung*
désherbant *m Unkrautvernichtungsmittel*
dévasté(e) *zerstört*
développement *m* **durable** *nachhaltige Entwicklung*
déverser *kippen, schütten*
diminution *f Abnahme, Rückgang*
diminution des glaciers – Abnahme der Gletscher
dioxyde *m* **de carbone** *Kohlen(stoff)-dioxid*
disparition *f Aussterben*
menacé de disparition – vom Aussterben bedroht
domicile *m Wohnsitz*

E

eau *f Wasser*
eau potable – Trinkwasser
eaux usées – Abwasser
éboueur *m Müllwerker*
échelle *f* **de Richter** *Richter-Skala*
éclair *m Blitz*
écologie *f Ökologie*
écologique *umweltfreundlich*
délinquant(e) écologique – Umweltsünder(in)
écologiste *mf Ökologe (Ökologin); Umweltschützer(in)*
économiser *(ein)sparen*
économiser de l'énergie – Energie sparen
écosystème *m Ökosystem*
effet *m* **de serre** *Treibhauseffekt*
gaz m à effet de serre – Treibhausgas
égouts *mpl Abwasser*
élevage *m* **en masse** *Massentierhaltung*
élévation *f* **du niveau de la mer** *Anstieg des Meeresspiegels*
emballage *m Verpackung*
émission *f Emission, Ausstoß*
émissions gazeuses – Abgase
empoisonner *vergiften*
en activité *aktiv*
énergie *f Energie*
énergies alternatives – alternative Energien
énergie renouvelable – erneuerbare Energie
énergies douces – alternative Energien
engrais *m* **(chimique)** *(Kunst)dünger*
environnement *m Umwelt*
protection f de l'environnement – Umweltschutz
éolien(ne) *Wind-*
énergie éolienne – Windenergie
éolienne *f Windrad, Windkraftanlage*
épicentre *m Epizentrum*
épuisable *erschöpfbar*
épuration *f Säuberung*
station f d'épuration – Kläranlage
équateur *m Äquator*
érosion *f* **(du sol)** *Erosion, Bodenabtragung*
éruption *f Vulkanausbruch*
espaces verts *Grünflächen*
espèce *f Art*
espèce disparue – ausgestorbene Art
espèce protégée – geschützte Art

F

famine *f Hungersnot*

faubourg *m(f) Vorstadt*

faune *f Tierwelt*

fléau *m Plage*

fleuve *f Fluss*

flore *f Pflanzenwelt*

fœhn *m Föhn*

forêt *f Wald*

forêt tropicale – Regenwald

dépérissement m de la forêt – Waldsterben

forêt vierge – Urwald

friche *f Brachland*

froid *m Kälte*

fumées *fpl Abgase*

G

gaz *m Gas*

gaz pl d'échappement – Autoabgase

gaz carbonique m Kohlendioxid

gel *m Frost*

geler *(ge)frieren*

glace *f Eis*

couche f de glace – Eisdecke

glacier *m Gletscher*

glissement *m* **de terrain** *Erdrutsch*

globe *m Globus, Erdkugel*

grand ensemble *Wohnsiedlung*

grêle *f Hagel*

H

hémispère *m Hemisphäre*

hémisphère nord – Nordhalbkugel

hémisphère sud – Südhalbkugel

heures *fpl* **de pointe** *Stoßzeiten*

hygrométrie *f Luftfeuchtigkeit*

I

île *f Insel*

immeuble *m Wohnblock*

incendie *m Brand*

incinérer *(Müll) verbrennen*

indemne *unversehrt*

inondation *f Überflutung*

inonder *überfluten*

insecticide *m Insektenbekämpfungsmittel*

s'insurger contre *sich auflehnen gegen, protestieren gegen*

irradier *verstrahlen*

L

lac *m See*

lave *f Lava*

lisier *m Gülle*

lotissement *m Siedlung*

M

marée noire *Ölpest*

mégapole *f Megalopolis, Riesenstadt*

menace *f Bedrohung*

menacé(e) *bedroht*

menacer *bedrohen*

mer *f Meer*

méridien *m Längenkreis*

montagne *f Berg; Gebirge*

chaîne f de montagnes de hauteur moyenne – Mittelgebirge

haute montagne – Hochgebirge

montagneux, -euse *bergig; gebirgig*

montée *f Ansteigen*

montée des eaux – Anstieg der Weltmeere

N

nappe *f* **phréatique** *Grundwasser*

nature *f Natur*

navette *f Hin und Her (fam)*

faire la navette – pendeln

neige *f Schnee*

fonte f des neiges – Schneeschmelze

nocif, -ive *schädlich*

non polluant(e) *umweltfreundlich*

nucléaire *nuklear, Atom-*

énergie f nucléaire – Atomenergie

nuire *schaden*

nuisances *fpl Umweltschäden*

O

oasis *f Oase*

occasionner *bewirken*

orage *m Gewitter*

ordures ménagères *Hausmüll*
ramassage m des ordures – Müllabfuhr

ouragan *m Orkan*

ozone *m Ozon*
trou m d'ozone – Ozonloch
couche f d'ozone – Ozonschicht

P

parallèle *m Breitenkreis*

passage *m* **pour piétons** *Zebrastreifen*

pays plat *Flachland*

paysage *m Landschaft*

pénurie *f Mangel, Knappheit*
pénurie d'eau – Wassermangel

périphérie *f Stadtrand*

pesticide *m Pestizid*

pétrole *m Öl*

pétrolier *m Öltanker*

piste *f* **cyclable** *Radweg*

plage *f Strand*

pluie *f Regen*
pluie persistante – Dauerregen
pluies acides – saurer Regen

pluvieux, -euse *regnerisch*

poison *m Gift*

polaire *polar, Polar-*
cercle m polaire – Polarkreis

pôle *m Pol*
pôle Nord – Nordpol
pôle Sud – Südpol

polluants *mpl Schadstoffe*

polluer *verschmutzen, verseuchen, vergiften*

pollueur, -euse *m, f Umweltverschmutzer(in)*

pollution *f Umweltverschmutzung*
cloche f de pollution – Dunstglocke
pollution de l'air – Luftverschmutzung
pollution sonore – Lärmbelästigung

pot *m* **catalytique** *Katalysator*

potable *trinkbar*

poubelle *f Mülltonne*

précipitations *fpl Niederschläge*

préservation *f Erhalt(ung)*

préserver *erhalten*

pression *f Druck*
haute pression – Hochdruck
basse pression – Tiefdruck

principe *m* **pollueur-payeur** *Verursacherprinzip*

protection *f Schutz*
protection de l'environnement – Umweltschutz

R

radioactif, -ive *radioactif*
contamination radioactive – radioaktive Verseuchung

radioactivité *f Radioaktivität*

ravage *m Verwüstung*

raz-de-marée *m Flutwelle, Sturmflut*

réacteur *m Reaktor*

reboisement *m Wiederaufforstung*

réchauffement *m Erwärmung*
réchauffement climatique – globale Erwärmung

recul *m Rückgang*
recul des glaciers – Gletscherschmelze

recyclage *m Recycling*

recycler *recyceln*
papier m à recycler – Altpapier

réduire *verringern*
réduire les émissions de carbone – den CO_2-Ausstoß reduzieren

rejeter *ausstoßen*

renaturer *renaturieren*

renouvelable *erneuerbar*

réserve naturelle *Naturschutzgebiet*

respectueux, -euse de l'environnement *umweltfreundlich*

retraitement *m Wiederaufbereitung*

rural(e) *ländlich*
exode rural – Landflucht

S

sans plomb *bleifrei*
sauvage *wild*
sauvetage *m Rettung*
équipe f de sauvetage – Rettungsmannschaft
sécheresse *f Trockenheit, Dürre*
séisme *m Erdbeben*
sensibiliser *empfänglich machen*
seuil *m* **de nuisance** *Belästigungspegel*
sinistre *m Katastrophe*
smog *m Smog*
société *f* **de gaspillage** *Wegwerfgesellschaft*
solaire *Solar-, Sonnen-*
énergie f solaire – Sonnenenergie
survivre *überleben*

T

taudis *m Elendsquartier*
température moyenne *Durchschnittstemperatur*
tempête *f Sturm*
tonnerre *m Donner*
tornade *f Tornado*
toxique *giftig*
transports *mpl* **en commun** *öffentliche Verkehrsmittel*
tremblement *m* **de terre** *Erdbeben*
très peuplé(e) *dicht besiedelt*
trier *(Müll) sortieren*
tropique *m Wendekreis*
tsunami *m Flutwelle*
typhon *m Taifun*

U

urbain(e) *städtisch*
exode urbain – Stadtflucht
urbanisation *f Verstädterung*
urbanisme *m Städtebau; Stadtplanung*

V

vague *f Welle*
vallée *f Tal*
vent *m Wind*
force f du vent – Windstärke
verglas *m Glatteis*
vert(e) *m(f) Grüne(r), Umweltschützer(in)*
vidanger *Öl ablassen*
ville-satellite *f Trabantenstadt*
ville-dortoir *f Schlafstadt*
volcan *m Vulkan*
volcanique *vulkanisch*
volume *m Lautstärke*

Z

zone *f (Klima)zone*
zone tempérée – gemäßigte Zone
zone tropicale – Tropenzone
zone polaire – Polarzone

Thematische Wortschätze

A

abonnement *m Abonnement*
s'abonner *abonnieren*
accès *m Zugang*
achat *m* **en ligne** *Online-Shopping*
acheminer *weiterleiten*
actualités *fpl Nachrichten*
ADN (= acide désoxyribonucléique) *m DNA*
aérospatial(e) *(Welt)raum-*
aérospatiale *f Raumfahrt(industrie)*
afficher *anzeigen*
allumer *anschalten*
animateur, -trice *m, f Moderator(in)*
annonce *f Inserat*
annoncer *ankündigen*
annuaire *m Telefonbuch*
annuler *löschen*
antenne *f Sender*
antenne *f* **parabolique** *Satellitenschüssel*
appareil *m Apparat, Gerät*
appareil électroménager – Haushaltsgerät
application *f Programm; Anwendung*
assembler *montieren, zusammenbauen*
astronaute *mf Astronaut(in)*
atmosphère *f Atmosphäre*
atteinte *f* **à la vie privée** *Verletzung der Privatsphäre*
audience *f Einschaltquote*
audiovisuel *m Funk und Fernsehen*
avion *m Flugzeug*
avion à réaction – Düsenflugzeug
avion à hélice – Propellerflugzeug

B

BAL (= boîte aux lettres électronique) *f Mailbox*
baladeur *m Walkman*
barre *f* **de menus** *Menüleiste*
bébé-éprouvette *m Retortenbaby*
biométrie *f Biometrie*
biométrique *biometrisch*
passeport m biométrique – biometrischer Pass
biotechnologie *f Biotechnologie*
bit *m Bit*
blog(ue) *m Blog*
blogueur, -euse *m, f Blogger(in)*
se bloquer *abstürzen*
boîtier *m Gehäuse*
bouleverser *grundlegend verändern*
branchement *m Anschluss*
brancher *anschließen*
brebis *f Schaf*
brevet *m* **d'invention** *Patent*

C

cabine *f* **téléphonique** *Telefonzelle*
caméra *f* **vidéo** *Videokamera*
capacité *f* **de stockage** *Speicherkapazität*
capter *empfangen*
CD (= disque compact) *m CD*
CD vierge – Rohling
CD-ROM *m CD-ROM*
cellule *f Zelle*
cellule souche – Stammzelle
recherche f sur les cellules souches – Stammzellenforschung
chaîne *f Kanal, Sender*
chaîne de télévision – Fernsehsender
chaîne à péage – Pay-TV
chaîne stéréo – Stereoanlage
charger *laden*
cliquer sur *klicken auf*
clonage *m Klonen*
cloner *klonen*
codé(e) *verschlüsselt*
coder *verschlüsseln*
combiné *m Hörer*
combustible *m Brennstoff*
commande *f Befehl*
commander *steuern*
communication *f Kommunikation*
communication urbaine – Ortsgespräch
communication interurbaine – Ferngespräch
communication internationale – Auslandsgespräch

connecter *verbinden*

se connecter *sich einloggen, sich anmelden*

console *f* **(de jeu)** *Playstation*

construction *f* **aéronautique** *Flugzeugbau*

controversé(e) *umstritten*

correction *f* **de trajectoire** *Kurskorrektur*

courrier *m* **des lecteurs** *Leserbriefe*

courrier *m* **électronique** *E-Mail*

couverture *f* *Titelseite*

critique *f* *Kritik*

cybercafé *m* *Internet-Café*

D

décodeur *m* *Decoder*

se déconnecter *sich ausloggen, sich abmelden*

découverte *f* *Entdeckung*

découvrir *entdecken*

décrypter *entschlüsseln*

démarrer *starten*

destinataire *mf* *Empfänger(in)*

développement *m* *Entwicklung*

développer *entwickeln*

diagnostic *m* **préimplantatoire** *Präimplantationsdiagnostik*

diffuser *senden, ausstrahlen*

digital(e) *digital*

digitalisation *f* *Digitalisierung*

digitaliser *digitalisieren*

discussion directe *Chat*
forum m de discussion – Forum, Chat-Room

disque dur *Festplatte*

disquette *f* *Diskette*

distraire *zerstreuen*

documentaire *m* *Dokumentarfilm*

données *fpl* *Daten*
introduire des données – Daten eingeben
sauvegarde f des données – Datensicherung
données numérisées – digitalisierte Daten

DSL (= digital subscriber line) *m* *DSL*
branchement m DSL – DSL-Anschluss

DVD (= digital versatile disc) *m* *DVD*

E

écran *m* *Bildschirm*

édition *f* *Ausgabe*

éditorial *m* *Leitartikel*

effacer *löschen*

effectuer *ausführen*

effet *m* **secondaire** *Nebenwirkung*

électronique *elektronisch*
adresse f électronique – E-Mail-Adresse

e-mail *m* *E-Mail*
recevoir / envoyer un e-mail – eine E-Mail empfangen / verschicken

émission *f* *Sendung*
émission radiophonique – Radiosendung
émission télévisée – Fernsehsendung

en ligne *online*

enregistrement *m* *Aufzeichnung, Aufnahme*

enregistrer *speichern*

espace aérien *Luftraum*

expédier *versenden*

F

faire des recherches *recherchieren*

faire un bogue *den Computer zum Abstürzen bringen*

faire-part *m* *Bekanntgabe*

fécondation artificielle *künstliche Befruchtung*

feuilleton *m* *(Fernseh)serie*

fichier *m* *Datei*

formater *formatieren*

fournisseur *m* **d'accès** *Provider*

fusée *f* *Rakete*

G

gène *m* *Gen*

génétique[1] *genetisch*
manipulation f génétique – Genmanipulation
génie m génétique – Gentechnik
empreinte f génétique – genetischer Fingerabdruck

génétique[2] *f* *Genetik*

graver *brennen*

graveur *m* *Brenner*

graviter autour *kreisen um*

gros titres *mpl Schlagzeile*

H

hameçonnage *m Phishing (betrügerisches Ausspionieren von Passwörtern und persönlichen Benutzerdaten)*

hebdomadaire *m Wochenzeitung*

héréditaire *Erb-*

heure *f* **de diffusion** *Sendezeit*

hors ligne *offline*

I

icône *f Icon, Symbol*

imprimante *f Drucker*
imprimante à jet d'encre – Tintenstrahldrucker
imprimante laser – Laserdrucker

imprimer *drucken*

incurable *unheilbar*

informaticien(ne) *m(f) Informatiker(in)*

information *f Nachricht*

informatique *f Informatik*

informatiser *computerisieren*

informer *informieren*

infrarouge *infrarot*

injecter *injizieren*

installer *installieren*

interactif, -ive *interaktiv*

internaute *mf Internetnutzer(in)*

Internet *m Internet*
naviguer sur Internet – im Internet surfen
accès à Internet – Internetzugang

interrompre *unterbrechen*

J

journal *m (Tages)zeitung*

K

kilooctet *m Kilobyte*

kit *m* **mains libres** *Freisprechanlage*

L

lancer *(ab)schießen*

lecteur, -trice *m, f Leser*
lecteur de CD-ROM – CD-ROM-Laufwerk
lecteur mp3 – mp3-Player

lien *m Link*

logiciel *m Software*
logiciel piraté – Raubkopie
logiciel de navigation – Browser

ludiciel *m Computerspiel*

M

magazine *m* **d'information** *Nachrichtenmagazin*

magnétoscope *m Videorekorder*

manchette *f Schlagzeile*

manette *f* **de jeu** *Joystick*

mass media(s) *mpl Massenmedien*

matériel *m Hardware*

mémoire *f Speicher*

mensuel *m Monatszeitschrift*

messagerie *f Mailbox*

mettre à jour *updaten*

mettre au point *entwickeln, ausarbeiten*

minitel® *m BTX-System, Bildschirmtext*

modem *m Modem*

modifier *verändern*

moniteur *m Monitor*

mot *m* **de passe** *Passwort*

moteur *m* **de recherche** *Suchmaschine*

N

navigateur *m Browser*

nouvelle *f Nachricht*

nuisible *schädlich*

numérique *digital, Digital-*

numériser *digitalisieren*

O

objectif, -ive *objektiv*

objectivité *f Sachlichkeit*

occupé(e) *besetzt*

octet *m Byte*

onde *f Welle*

orbite *f Umlaufbahn*

ordinateur *m Computer*
ordinateur portable – Laptop
ordinateur de poche – Handheld-PC

P

page *f* **d'accueil** *Homepage*
paraître *erscheinen*
partialité *f Einseitigkeit*
parution *f erscheinen*
périphérique *m Peripheriegerät*
piloter *steuern, lenken*
pirate *mf* **informatique** *Hacker(in)*
se planter *abstürzen*
portable *m Handy*
préférence *f Favorit*
présentateur, -trice *m, f Moderator(in)*
présenter *moderieren*
presse *f Presse*
presse du cœur – Regenbogenpresse
presse à grand tirage – Printmedien mit Massenauflage
agence f de presse – Presseagentur
prime time *m Hauptsendezeit*
programmation *f Programmierung*
programme *m Programm*
programme antivirus – Anti-Viren-Programm
programmer *programmieren*
propulser *antreiben*
public *m Publikum*
publicité *f Werbung*
puce *f Chip*

Q

quotidien *m Tageszeitung*

R

radio *f Rundfunk(sender); Radiogerät*
radio libre – privater Rundfunk(sender)
radio publique – staatlicher Rundfunk(sender)
récepteur *m Fernsehgerät, Empfänger*
rectification *f Richtigstellung*
rédacteur, -trice *m, f Redakteur(in)*
redevance *f Gebühr*
répondeur *m Anrufbeantworter*
répondre *abnehmen, sich melden*
reportage *m Reportage*
réseau *m Netz(werk)*
réseau sans fil – WLAN, drahtloses Netzwerk
réseau téléphonique – Telefonnetz
retransmission *f Übertragung*
révélation *f Enthüllung*
révéler *aufdecken*
revue *f Zeitschrift*
robot *m Roboter*
robotique *f Robotertechnik*
routeur *m Router, Netzknoten*
rubrique *f Rubrik*

S

salon *m Chatroom*
satellite *m Satellit*
sauvegarder *sichern*
scandale *m Skandal*
scanner *m Scanner*
scanneriser *einscannen*
service *m* **en ligne** *Online-Dienst*
site *m* **(web)** *Website*
SMS *m SMS*
son *m Ton*
sonde *f* **d'exploration** *Forschungssonde*
source *f Quelle*
source officielle – amtliche Quelle
source sûre – zuverlässige Quelle
garder le secret des sources – Quellen vertraulich behandeln
souris *f Maus*
sous-titrage *m Untertitelung*
spatial(e) *(Welt)raum-*
vaisseau spatial – Raumschiff
station spatiale – Raumstation
recherche spatiale – Weltraumforschung
station orbitale *Raum- / Orbitalstation*
supersonique *Überschall-*
système *m* **d'exploitation** *Betriebssystem*

T

table ronde *Talkshow*
taper *tippen*
taux *m* **d'écoute** *Einschaltquote*
technique *f Technik*

technique *technisch*
technologie *f Technologie; Technik*
technologique *technologisch; technisch*
télébanking *m Telebanking*
télécarte® *f Telefonkarte*
télécharger *herunterladen*
télécommande *f Fernbedienung*
télécommander *fernsteuern*
télécommunication *f Telekommunikation*
télécopie *f Fax*
télécopier *faxen*
télécopieur *m Faxgerät*
téléphone *m Telefon*
téléphone mobile – Handy
téléphone sans fil – schnurloses Telefon
téléphonie *f* **IP** *Internet-Telefonie*
téléspectateur, -trice *m, f Fernseh-zuschauer(in)*
télévision *f Fernsehen*
télévision par câbles – Kabelfernsehen
télévision numérique – Digitalfernsehen
poste m de télévision – Fernsehgerät
texto *m SMS*
thérapie *f* **génique** *Gentherapie*
tir *m Abschuss, Start*
touche *f Taste*
transistor *m Transistor*
tuner *m Tuner*

U

une *f Titelseite*
utilisateur, -trice *m,f Benutzer(in)*

V

vaccin *m Impfstoff*
vérifier *überprüfen*
virus *m* **(électronique)** *m Virus*
visiophone *m Bildtelefon*
vitesse *f* **du son** *Schallgeschwindigkeit*
vol habité *bemannter (Raum)flug*

W

webcam *f Webcam*

Z

zapper *zappen*

A

abdication *f Abdankung*

abdiquer *abdanken*

absolutisme *m Absolutismus*

affaire *f Affäre*
l'affaire Dreyfus – Dreyfus-Affäre

âge *m Alter; Zeitalter*
âge de la pierre – Steinzeit
âge du bronze – Bronzezeit
âge du fer – Eisenzeit

Alliés *mpl Alliierte*

Alsace *f Elsass*

Alsace-Lorraine *f Elsass-Lothringen*
l'annexion de l'Alsace-Lorraine – die Annektierung Elsass-Lothringens

Ancien Régime *Ancien Régime (absolute Monarchie in Frankreich vor der Französischen Revolution)*

anéantir *vernichten*

Antiquité *f Antike*

antisémitisme *m Antisemitismus*

apogée *m Höhepunkt, Blütezeit*

après-guerre *m Nachkriegszeit*

archéologie *f Archäologie*

archéologue *mf Archäologe (Archäologin)*

aristocrate *mf Aristokrat(in)*

aristocratie *f Aristokratie*

armistice *m Waffenstillstand*
l'Armistice – französischer Feiertag am 11. November anlässlich des Waffenstillstands 1918

arriver *geschehen*

Assemblée nationale *Nationalversammlung*

autoritarisme *m Eigenmächtigkeit, Selbstherrlichkeit*

autrefois *damals, früher*

avoir lieu *stattfinden*

B

Bastille *f Bastille*
prise f de la Bastille – Sturm auf die Bastille

battre *schlagen*

C

camp *m Lager*
camp d'internement – Internierungslager
camp de transit – Durchgangslager
camp de concentration – Konzentrationslager

CECA (= Communauté européenne du charbon et de l'acier) *f EGKS (Europäische Gemeinschaft für Kohle und Stahl)*

chambre *f* **à gaz** *Gaskammer*

chasser *vertreiben*

chevalerie *f Rittertum*

chevalier *m Ritter*

chronique *f Chronik*

chute *f Fall, Sturz*
chute de la monarchie – Fall der Monarchie

civilisation *f Kultur; Zivilisation*

cocktail *m* **Molotov** *Molotowcocktail*

collaborateur, -trice *m, f Kollaborateur(in)*

collaboration *f Kollaboration (Zusammenarbeit mit den deutschen Besatzern)*

colonie *f Kolonie*

colonisation *f Kolonisierung*

conquérant(e) *m(f) Eroberer (Eroberin)*

conquérir *erobern*

conquête *f Eroberung*

coup *m* **d'État** *Staatsstreich*

cour *f (Königs)hof*

couronne *f Krone*

courtisan(e) *m(f) Höfling*

crise économique mondiale *Weltwirtschaftskrise*

croisade *f Kreuzzug*

croix gammée *Hakenkreuz*

D

Dauphin *m Thronfolger*

débarquement (allié) en Normandie *Invasion (der Alliierten) in der Normandie*

décadence *f Verfall*

décisif, -ive *entscheidend*

déclin *m Untergang*

décolonisation *f Entkolonisierung*

déportation *f Deportation*
déporté(e) *m(f) Deportierte(r)*
déporter *deportieren*
document *m Dokument, Urkunde*
duc, duchesse *m, f Herzog(in)*

E

émeute *f Aufruhr, Massenunruhe*
empereur *m Kaiser*
empire *m (Kaiser)reich*
empire franc – Frankenreich
Saint Empire – Heiliges Römisches Reich
entre-deux-guerres *m Zwischenkriegszeit*
envahir *einfallen*
envahir un pays – in ein Land einfallen
envahisseur *m Eindringling*
époque glacière *Eiszeit*
ère *f Ära, Zeitalter*
esclave *mf Sklave (Sklavin)*
état *m Stand*
états généraux – Generalstände
état *m* **d'urgence** *Ausnahmezustand*
expulser *vertreiben*
expulsion *f Vertreibung*

F

fait *m Tatsache, Ereignis*
famine *f Hungersnot*
féodalité *f Feudalherrschaft*
franc *m Franc*

G

Gaule *f Gallien*
Gaulois *mpl Gallier*
gaz *m* **lacrymogène** *Tränengas*
génocide *m Völkermord*
Germains *mpl Germanen*
germanique *germanisch*
Grande guerre *Erster Weltkrieg*
guerre *f Krieg*
guerre de Cent ans – Hundertjähriger Krieg
guerre franco-allemande – Deutsch-Französischer Krieg
Première / Seconde Guerre mondiale – Erster / Zweiter Weltkrieg
guerre froide – Kalter Krieg
guillotine *f Guillotine, Fallbeil*

H

héritage *m Erbe*
héritier, -tière *m, f Erbe (Erbin)*
histoire *f Geschichte*
histoire de la civilisation – Kulturgeschichte
histoire universelle – Weltgeschichte
historien(ne) *m(f) Historiker(in)*
historique *historisch, geschichtlich*

I

impératrice *f Kaiserin*
impérial(e) *kaiserlich*
incendier *anzünden*
indépendance *f Unabhängigkeit*
influence *f Einfluss*
invention *f Erfindung*

J

jour *m Tag*
le jour J – D-Day (Invasion der Alliierten in der Normandie am 6. Juni 1944)

L

légitime *rechtmäßig*
léguer *vererben, vermachen*
Libération *f Befreiung (Frankreichs)*
ligne *f* **de démarcation** *Demarkationslinie (Grenze zwischen der besetzten und der unbesetzten Zone)*
Lumières *fpl Aufklärung*

M

marquer *kennzeichnen, prägen*
médiéval(e) *mittelalterlich*
monarchie *f Monarchie*
monarchie constitutionnelle – konstitutionelle Monarchie
monarque *m Monarch*
Moyen Âge *Mittelalter*

N

national-socialisme *m Nationalsozialismus*
noble *mf Adelige(r)*
noblesse *f Adel*

O

Occupation *f Besetzung Frankreichs durch die Deutschen während des Zweiten Weltkriegs*

occuper *besetzen*

oppression *f Unterdrückung*

ordre *m Stand (soziale Klasse)*

P

partisan(e) *m(f) Partisan(in)*

passé *m Vergangenheit*

se passer *geschehen, sich ereignen*

persécution *f* **des Juifs** *Judenverfolgung*

peuple *m Volk*

plan *m* **Schuman** *Schuman-Plan (für die Zusammenlegung der deutschen und französischen Kohle- und Stahlproduktion)*

pouvoir *m Macht (eines Regenten)*

prédécesseur *m Vorgänger*

préhistoire *f Urgeschichte*

prince *m Prinz, Fürst*

princesse *f Prinzessin, Fürstin*

Pucelle *f* **d'Orléans** *Jungfrau von Orléans (Jeanne d'Arc)*

puissance *f Macht*
grande puissance – Weltmacht
puissances occidentales – Westmächte

R

RDA (= République démocratique allemande) *f Deutsche Demokratische Republik*

réconciliation *f Wiederaussöhnung*

reconstruction *f Wiederaufbau*

Réforme *f Reformation*

régime *m Regime*
régime de Vichy – Vichy-Regime

registres *mpl* **paroissiaux** *Kirchenbücher*

règne *m Herrschaft*

régner *herrschen, regieren*

reine *f Königin*

Renaissance *f Renaissance*

reprendre *zurückerobern*

république *f Republik*

Résistance *f Résistance (französische Widerstandsbewegung)*

résistant(e) *m(f) Widerstandskämpfer(in)*

réunification *f Wiedervereinigung*

révolte *f Aufruhr, Revolte*

révolution *f Revolution*
Révolution française – französische Revolution

révolutionnaire *mf Revolutionär(in)*

RFA (= République fédérale d'Allemagne) *f Bundesrepublik Deutschland*

roi *m König*

romain(e) *römisch*

royal(e) *königlich*

royaume *m Königreich*

S

sacrifier *opfern*

siècle *m Jahrhundert*

soumettre *unterwerfen*

source *f Quelle; Ursprung*

souvenir *m Erinnerung, Andenken*

se souvenir de qc *sich an etw erinnern*

souverain(e) *m(f) Herrscher(in)*

statistique *f Statistik*

succession *f Erbfolge*

suppression *f Abschaffung*

supprimer *abschaffen*

T

témoigner *bekunden*

Terreur *f Terrorherrschaft*

tiers état *Dritter Stand*

Traité *m* **de l'Élysée** *deutsch-französischer Freundschaftsvertrag*

Troisième Reich *m Drittes Reich*

trône *m Thron*

U

unifié(e) *vereint*
l'Allemagne unifiée – wiedervereinigtes Deutschland

urbain(e) *städtisch*

V

vassal *m Vasall*
vestiges *mpl Überreste*
violence *f Gewalt*

Z

zone *f* **libre** *unbesetzte Zone Frankreichs im Zweiten Weltkrieg*
zone d'occupation – Besatzungszone

A

abstrait(e) *abstrakt*
accent *m Akzent*
acte *m Akt, Aufzug*
acteur, -trice *m, f Schauspieler(in)*
action *f Handlung*
affiche *f Plakat*
agencer *anordnen*
air *m Melodie*
alexandrin *m Alexandriner, Zwölfsilbler*
s'amuser *sich amüsieren*
ancien(ne) *alt, antik*
animateur, -trice *m, f Animateur(in)*
animer *für Stimmung sorgen*
apogée *f Höhepunkt*
applaudir *(Beifall) klatschen*
applaudissements *mpl Applaus, Beifall*
aquarelle *f Aquarell*
arbitraire *willkürlich*
argot *m Argot, Slang*
art *m Kunst*
arts plastiques – bildende Künste
art nouveau – Jugendstil
art contemporain – zeitgenössische Kunst
article *m Artikel*
artiste *mf Künstler(in)*
artistique *künstlerisch*
assembler *zusammensetzen, aneinanderfügen*
atelier *m Atelier*
auditeur, -trice *m,f Zuhörer(in)*
auteur(e) *mf Autor(in)*
authentique *echt*
avant-garde *f Avantgarde*
avant-propos *m Vorwort*

B

balcon *m Rang, Balkon*
ballet *m Ballett*
baroque *m Barock*
batterie *f Schlagzeug*
batteur *m Schlagzeuger(in)*
BD (= bande dessinée) *f Comic*
beaux-arts *mpl die schönen Künste*
best-seller *m Bestseller*
bienséance *f Schicklichkeit*
bilingue *zweisprachig*
bilinguisme *m Zweisprachigkeit*
billet *m Eintrittskarte*
biographe *mf Biograf(in)*
biographie *f Biografie*
blues *m Blues*
bois *mpl Holzblasinstrumente*
boîte *f Disco*
sortir en boîte – in die Disco gehen
boum *f Fete*
bronze *m Bronze; Gegenstand aus Bronze*
bulle *f Sprechblase*

C

cadreur *m Kameramann, -frau*
caisse *f Kasse*
caméra *f Kamera*
cantatrice *f Sängerin*
captivant(e) *packend*
caricature *f Karikatur*
caricaturiste *mf Karikaturist(in)*
cascadeur, -euse *m, f Stuntman, -girl*
célèbre *berühmt*
censurer *zensieren*
César *m Filmpreis in Frankreich*
césure *f Zäsur*
chanson *f Lied; Chanson*
chanson enfantine – Kinderlied
chanson sentimentale – Schnulze
chanson à succès – Schlager, Hit
chant *m Gesang*
chanter *singen*
chapitre *m Kapitel*
charabia *m Kauderwelsch*
chœur *m Chor*
chanter en chœur – im Chor singen
chorale *f Chor, Gesangsverein*
chorégraphie *f Choreographie*
choriste *mf Chorsänger, Chormitglied*

chronologique *chronologisch*
ciné *m Kino*
cinéaste *mf Filmemacher(in)*
cinéma *m Kino*
passer au cinéma – im Kino laufen
cinématographique *Kino / Film betreffend*
cinéphile *mf Kinofreund(in)*
cirque *m Zirkus*
clarinette *f Klarinette*
classique *m Klassik*
clavier *m Klaviatur*
clip *m Videoclip*
clown *m Clown*
collection *f Kollektion, Sammlung*
collectionneur, -euse *m, f Sammler(in)*
comédie *f Komödie, Lustspiel*
comédie musicale – Musical
commencer *beginnen*
commencer par qc – mit etw beginnen
commerce *m* **d'objets d'art** *Kunsthandel*
complément *m Ergänzung*
complet, -ète *ausverkauft*
compositeur, -trice *m, f Komponist(in)*
auteur-compositeur m – Liedermacher(in)
concert *m Konzert*
salle f de concert – Konzertsaal
conservatoire *m Konservatorium, Musikhochschule*
conte *m Erzählung, Geschichte*
conte de fées – Märchen
contenu *m Inhalt*
contrepoint *m Kontrapunkt*
convenance *f Anstand, Konvention*
copie *f Kopie*
costume *m Kostüm*
couplet *m Strophe*
court métrage *m Kurzfilm*
créateur, -trice *m, f Grafikdesigner(in)*
créativité *f Kreativität*
créer *(er)schaffen, kreieren*
critique¹ *f Kritik*
critique² *mf Kritiker(in)*
croquer *skizzieren, porträtieren*
cubisme *m Kubismus*
cuivres *mpl Blechblasinstrumente*
culture *f Kultur*

D

danse *f Tanz*
piste f de danse – Tanzfläche
danser *tanzen*
danseur, -euse *m, f Tänzer(in)*
décors *mpl Bühnenbild, Kulisse(n)*
dénouement *m Lösung, Ausgang*
dessin *m Zeichenkunst; Zeichnung*
dessin au crayon – Bleistiftzeichnung
dessin *m* **animé** *Zeichentrickfilm*
dessinateur, -trice *m, f Zeichner(in)*
dessiner *zeichnen*
destin *m Schicksal*
détail *m Detail, Einzelheiten*
dialecte *m Dialekt*
dialogue *m Dialog*
diriger *dirigieren*
distribution *f (Rollen)besetzung*
divertir *unterhalten, zerstreuen*
diviser en *gliedern in*
DJ (= disque-jockey) *m DJ*
doubler *synchronisieren*
doué(e) *begabt*
drame *m Bühnenstück; Drama*

E

eau-forte *f Radierung*
échec *m Misserfolg, Flop*
écomusée *m Freilichtmuseum*
écran *m Leinwand*
écrivain(e) *m(f) Schriftsteller(in)*
éditeur, -trice *m, f Herausgeber(in)*
édition *f Herausgabe (eines Buches), Ausgabe*
éducation *f* **artistique** *Kunsterziehung*
élevé(e) *gehoben*
en couleur *Farb-, in Farbe*

en direct *live*
en plongée *aus der Vogelperspektive*
encadrer *(ein)rahmen*
encre *f* **de Chine** *Tusche*
enfant *mf* **prodige** *mf Wunderkind*
enjambement *m Zeilensprung*
ensemble *m Gruppe, Ensemble*
entracte *m Pause*
épique *episch*
poème m épique – Epos
littérature f épique – Epik
esquisser *entwerfen*
esthétique[1] *f Ästhetik*
esthétique[2] *ästhetisch*
exagérer *übertreiben*
exposition *f Ausstellung*
inaugurer une exposition – eine Ausstellung eröffnen
expression *f Ausdruck*
expressionnisme *m Expressionismus*
expressionniste *expressionistisch*
extrait *m (Text)ausschnitt*

F

fable *f Fabel*
faire la fête *feiern*
familier, -ère *umgangssprachlich*
langage familier – Umgangssprache
fan *mf Fan, Anhänger(in)*
faux *m Fälschung*
féminin(e) *feminin, weiblich*
femme poète *f Dichterin*
festival *m Festival*
feu *m* **d'artifice** *Feuerwerk*
fictif, -ive *fiktiv, erfunden*
figurant(e) *m(f) Statist(in)*
figuratif, -ive *gegenständlich, figurativ*
film *m Film*
tourner un film – einen Film drehen
film muet – Stummfilm
film en version française – Film in französischer Fassung
filmer *filmen*
flash-back *m Rückblende*
flûte *f Flöte*
flûte à bec – Blockflöte
français *m Französisch*
français langue étrangère – Französisch als Fremdsprache
ancien français – Altfranzösisch
français fondamental – französischer Grundwortschatz
francophile *frankreichfreundlich*
francophobe *frankreichfeindlich*
francophone *französischsprechend*
francophonie *f französische Sprachgemeinschaft*
franglais *m Franglais (mit Anglizismen durchsetztes Französisch)*

G

galerie *f (Kunst)galerie*
gamme *f Tonleiter*
faire des gammes – Tonleitern üben
générique *m Vorspann, Nachspann*
grammaire *f Grammatik*
gravure *f Radierung, Stich; Gravur*
gros plan *Nahaufnahme*
groupe *m Gruppe, Band*
guitare *f Gitarre*
guitariste *mf Gitarrist(in)*

H

harmonie *f Harmonie*
harpe *f Harfe*
héroïne *f Heldin*
héros *m Held*
hit-parade *m Hitparade*
huer *ausbuhen*
hymne (national) *(National)hymne*

I

idiomatique *idiomatisch*
impressionnisme *m Impressionismus*
impressionniste *impressionistisch*
incarner *verkörpern*

inconnu(e) *unbekannt*
indication *f* **scénique** *Bühnenanweisung*
instruire *belehren*
instrument *m Instrument*
instrument à vent – Blasinstrument
instrument à cordes – Saiteninstrument
instrument à clavier – Tasteninstrument
interprétation *f Dolmetschen*
interprète *mf Dometscher(in)*
interpréter *darstellen, spielen; interpretieren*
introduction *f Einleitung*
ironie *f Ironie*

J

jazz *m Jazz*
jouer (d'un instrument) *ein Instrument spielen*
journal *m* **<-aux>** *Tagebuch*

L

lampion *m Lampion*
langue *f Sprache*
langue maternelle / romane – Muttersprache / romanische Sprache
langue officielle – Amtssprache
langue écrite / parlée – geschriebene / gesprochene Sprache
lavis *m Tuschezeichnung*
légende *f Legende*
lettre *f Buchstabe*
lettres fpl – Sprach- und Literaturwissenschaft
lexicologie *f Wortkunde*
lexique *m Lexikon*
lieu *m Ort*
linguiste *mf Linguist(in)*
linguistique[1] *f Linguistik, Sprachwissenschaft*
linguistique[2] *linguistisch*
communauté f linguistique – Sprachgemeinschaft
frontière f linguistique – Sprachgrenze
littéraire *literarisch*
prix m littéraire – Literaturpreis
littérature *f Literatur*
livre *m Buch*
livre de poche – Taschenbuch
livre scolaire – Schulbuch
locution *f (Rede)wendung, Ausdruck*
loge *f Loge*
long métrage *Spielfilm*
lyrisme *m Lyrik*

M

magicien(ne) *m(f) Zauberer (Zauberin)*
maison *f* **d'édition** *Verlag*
maîtriser *beherrschen*
maîtriser une langue – eine Sprache beherrschen
majeur *Dur*
majuscule *f Großbuchstabe*
manuscrit *m Manuskript*
Marseillaise *f frz. Nationalhymne*
masculin(e) *maskulin, männlich*
mélomane *mf Musikliebhaber(in)*
mesure *f Takt*
métaphore *f Metapher*
mineur *Moll*
minuscule *f Kleinbuchstabe*
modèle *m Modell*
monologue *m Monolog*
montage *m Schnitt*
monument *m Denkmal*
morceau *m* **<-x>** *(Musik)stück*
mosaique *f Mosaik*
mot *m Wort*
moulé(e) *gegossen*
mouvement *m Satz; Tempo*
muet(te) *stumm*
e muet – stummes e
musée *m Museum*
musical(e) *musikalisch*
music-hall *m Varietee(theater)*
musicien(ne) *m(f) Musiker(in)*
musique *f Musik*
musique pop – Popmusik
musique religieuse – Kirchenmusik
musique classique – klassische Musik

N

narrateur, -trice *m, f Erzähler(in)*

narration *f Erzählung*

nature morte *Stillleben*

nef *f Kirchenschiff*

négation *f Verneinung, Negation*

nègre *m Ghostwriter*

night-club *m Nachtklub*

note *f Note*
lire les notes – Noten lesen

nouvelle *f Novelle*

nu *m Akt*

numéro *m Nummer*

O

objectivité *f Objektivität*

œuvre *f (literarisches) Werk*
œuvre en prose – Prosawerk
œuvre poétique – Dichtung
œuvre d'art – Kunstwerk

ogive *f Spitzbogen*

opéra *m Oper*

orateur, -trice *m, f Redner(in)*

orchestre *m Orchester*
orchestre de chambre – Kammerorchester
orchestre à cordes – Streichorchester
chef mf d'orchestre – Dirigent(in)

orgue *m Orgel*

orthographe *f Rechtschreibung*

Oscar *m Filmpreis in Hollywood*

ouverture *f Ouvertüre*

ouvrage *m Werk*

ouvreuse *f Platzanweiserin*

P

page *f Seite*
mise f en page – Layout, Umbruch

pantomime *m Pantomime*

paragraphe *m Absatz*

paraître *erscheinen*

parodie *f Parodie*

parterre *m Parkett*

partie principale *Hauptteil*

passage *m (Text)abschnitt*

passionnant *spannend*

pastel *m Pastell, Pastellfarbe*

peindre *malen*

peintre *m Kunstmaler(in)*

peinture *f Gemälde, Malerei*
peinture à l'huile – Ölgemälde
peinture murale – Wandmalerei
peinture rupestre – Höhlenmalerei

péripétie *f Peripetie, Wendung*

personnage principal *Hauptperson, Protagonist*

personnification *f Personifizierung*

perspective *f Perspektive*

phonétique *f Lautschrift*

phrase *f Satz*

pianiste *mf Pianist(in)*

piano *m Klavier*
récital m de piano – Klavierkonzert

pièce *f* **de théâtre** *Theaterstück, Schauspiel*

pied *m Versfuß*

pinceau *m* **<-x>** *Pinsel*

pitié *f Mitleid*

pittoresque *malerisch*

place *f Platz, Sitz*
places numérotées – nummerierte Plätze

plagiat *m Plagiat*

plagier *plagiieren*

plan *m Gliederung*
arrière-plan – Hintergrund
premier plan – Vordergrund

plateau *m Set*

poème *m Gedicht*

poésie *f Dichtung; Gedicht*

poète *m Dichter*

poétique *poetisch*

polyglotte *vielsprachig*

ponctuation *f Zeichensetzung*

portrait *m Porträt*

poser *Modell stehen*

postface *f Nachwort*

préface *f Vorwort*

première *f Premiere, Erstaufführung*
prise *f* **de position** *Stellungnahme*
programme *m Programm; Programmheft*
prononciation *f Aussprache*
prose *f Prosa*
pseudonyme *m Pseudonym*
public *m Publikum*
le grand public – das breite Publikum

Q

quatrain *m Vierzeiler, Quartett*

R

ralenti *m Zeitlupe*
au ralenti – in Zeitlupe
rang *m Reihe*
rap *m Rap*
rappeur, -euse *m,f Rapper(in)*
réalisateur, -trice *m, f (Film)regisseur(in)*
réaliser *Regie führen, verfilmen*
récit *m Erzählung, Bericht*
récit historique – historische Erzählung
récit de voyage – Reisebericht
récital *m (Solo)konzert*
rédiger *verfassen*
réédition *f Neuauflage*
refrain *m Refrain*
reggae *m Reggae*
registre *m Stimmlage*
relief *m Relief*
relire *noch einmal (durch)lesen*
répertoire *m Repertoire, Spielplan*
répéter *proben*
répétition *f Probe*
répétition générale – Generalprobe
représentation *f Aufführung, Vorstellung*
représenter *aufführen*
reproduction *f Reproduktion*
résumé *m Zusammenfassung*
rétrospective *f Retrospektive*
rideau *m* **<-x>** *Vorhang*
rime *f Reim*
rime embrassée – umarmender Reim
rime plate – Paarreim
rime croisée – Kreuzreim
rock *m Rock, Rockmusik*
rôle *m Rolle*
rôle principal – Hauptrolle
rôle secondaire – Nebenrolle
tenir un rôle – eine Rolle spielen
roman *m Roman*
roman policier – Kriminalroman
roman social – zeitkritischer Roman
roman de science-fiction – Sciencefiction-Roman
romancier, -ière *m, f Romanschriftsteller(in)*
romaniste *mf Romanist(in)*
rythme *m Rhythmus*
rythmer *rhythmisch gliedern*

S

satire *f Satire*
scénario *m Drehbuch*
scénariste *mf Drehbuchautor(in)*
scène *f Szene; Bühne*
metteur, -euse m(f) en scène – Regisseur(in)
sculpter *schnitzen, aushauen*
sculpter le bois – schnitzen
sculpteur *m Bildhauer(in)*
sculpture *f Skulptur*
sculpture sur bois – Holzschnitzerei
séance *f Vorstellung*
siffler *(aus)pfeifen*
se faire siffler – ausgepfiffen werden
signe *m Zeichen*
signifier *bedeuten*
simplifier *vereinfachen*
sketch *m Sketch*
soliste *mf Solist(in)*
sommaire *m Inhaltsverzeichnis*
son *m Ton*
sonate *f Sonate*
sort *m Schicksal, Los*
spectacle *m Vorstellung*
spectateur, -trice *m, f Zuschauer(in)*

star *f Star*

statue *f Statue*

strophe *f Strophe*

studio *m Studio*

style architectural *Baustil*

succès *m Erfolg*

suite *f Fortsetzung*

sujet *m Thema; Gegenstand*
traiter un sujet – ein Thema behandeln

surréalisme *m Surrealismus*

suspense *m Spannung*
à suspense – spannend

syllabe *f Silbe*

T

table *f* **des matières** *Inhaltsverzeichnis*

tableau *m Gemälde*

tag *m Graffiti*

talent *m Talent*

techno *m Techno*

tercet *m Dreizeiler, Terzett*

terme *m Ausdruck, Begriff*
terme technique – Fachausdruck

terminaison *f Endung*

se terminer *enden*
se terminer par qc – auf etw enden

terreur *f Furcht, Schrecken*

texte *m Text*
analyse f de texte – Textanalyse
compréhension f du texte – Textverständnis
explication f de texte – Textinterpretation

théâtre *m Theater*
faire du théâtre – Theater spielen

thème *m Übersetzung (in die Fremdsprache); Thema, Stoff*

tirage *m Auflage*

tiré de *entnommen aus*

toile *f Leinwand*

tonalité *f Tonart*

top 50 *m Charts, Hitparade*

touche *f Taste*

tournage *m Dreharbeiten*

tournée *f Tournee*

tournure *f Wendung*

trac *m Lampenfieber*

traduction *f Übersetzung*
traduction littérale – wörtliche Übesetzung

traduire *übersetzen*
traduire librement – frei übersetzen

tragédie *f Tragödie*

travailler au ciseau *meißeln*

trilingue *dreisprachig*

trois unités *fpl drei Einheiten*

trompette *f Trompete*

trompettiste *mf Trompeter(in)*

troupe *f Truppe*

trucage *m Trickaufnahme*

tube *m Hit*

U

unilingue *einsprachig*

usage *m (Sprach)gebrauch, Verwendung*

V

variété *f Unterhaltungsmusik*

vedette *f Star, Hauptdarsteller(in)*

verlan *m Argot, der auf Silbenaustausch beruht, von „l'envers"*

vernissage *m Vernissage*

vers *m Vers*

version *f Übersetzung (aus der Fremdsprache)*

vestiaire *m Garderobe, Kleiderabgabe*

vieilli(e) *veraltet*

violon *m Geige*

violoncelle *m Cello*

violoniste *mf Geiger(in)*

virtuose *mf Virtuose (Virtuosin)*

visiter *besichtigen*

vitrail *m* **<-aux>** *Kirchenfenster*

vocabulaire *m Wortschatz, Vokabular*

voix *f Stimme*

volume *m (der) Band*

voûte *f Gewölbe*

W

world music *m Weltmusik*

V. Thematische Wortschätze – deutsches Glossar

Deutsches Glossar

A

Deutsches Glossar

Deutsches Glossar

L

M

Deutsches Glossar

Deutsches Glossar

Notizen

Notizen

Notizen

Notizen

Noch mehr Französisch ...

PONS WÖRTERBUCH STUDIENAUSGABE FRANZÖSISCH
(Französisch-Deutsch / Deutsch-Französisch)

Das ideale Nachschlagewerk für die Sekundarstufe II und fürs Studium

- Rund 260.000 Stichwörter und Wendungen, aktueller Wortschatz und mit vielen Beispielsätzen
- Von der Umgangssprache bis zur gehobenen Ausdrucksweise
- Infokästen zu Kultur, Land und Leuten
- Mit Kurzgrammatik, Verbtabellen, Musterbriefen und ausführlichen Formulierungshilfen
- Mit länderspezifischem Wortschatz aus Belgien, Kanada, Österreich und der Schweiz

Format: 17 x 24 cm

1.800 Seiten, Hardcover

ISBN: 978-3-12-517533-4

PONS

www.pons.de

PONS
Texte schreiben
Französisch

Bearbeitet von: Ira Knabbe

Kostenlose Hördateien im MP3-Format zu diesem Titel finden Sie unter:
www.pons.de/texte-schreiben-franzoesisch

Produktinfos und Online-Shop: www.pons.de
E-Mail: info@pons.de
Online-Wörterbuch und Online-Bildwörterbuch: www.pons.eu

1. Auflage 2012 (1,01 – 2012)

Projektleitung: Ursula Martini

Einbandentwurf: Schmidt & Dupont, Stuttgart
Logoentwurf: Erwin Poell, Heidelberg
Logoüberarbeitung: Sabine Redlin, Ludwigsburg
Satz: Satzkasten, Stuttgart
Druck und Bindung: Print Consult GmbH, München

ISBN 978-3-12-517776-5